毘ちゃん90歳 今が一番、健康です！

大村 崑

青春出版社

みなさん、こんにちは！
喜劇役者の大村崑（おおむらこん）です

「崑ちゃん、元気にしてたの?」って?
してますわ！

ぼく、90年の人生のなかで
今が一番、健康なんです！

でも、ずっと健康だったわけではありません。

ちょっとまえまでは……

足腰がすっかり弱ってヨタヨタ歩き

ちょっと歩くだけで息切れ、動悸

日中いつも疲れてる

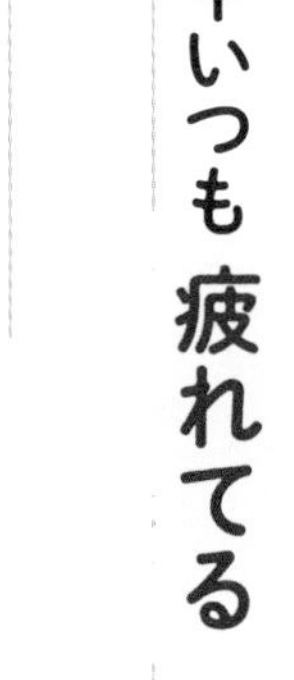

毎晩寝つけず、眠りが浅い

体調を崩しやすく顔は土気色

と、不調のオンパレード。

実はぼく、そもそも
肺が片方なくて
「40歳までしか生きられない」
と医者に言われてたんや。

それが、86歳で筋トレを始めて

体重
60.4kg

体脂肪率
25.9%

筋肉量
42.4kg

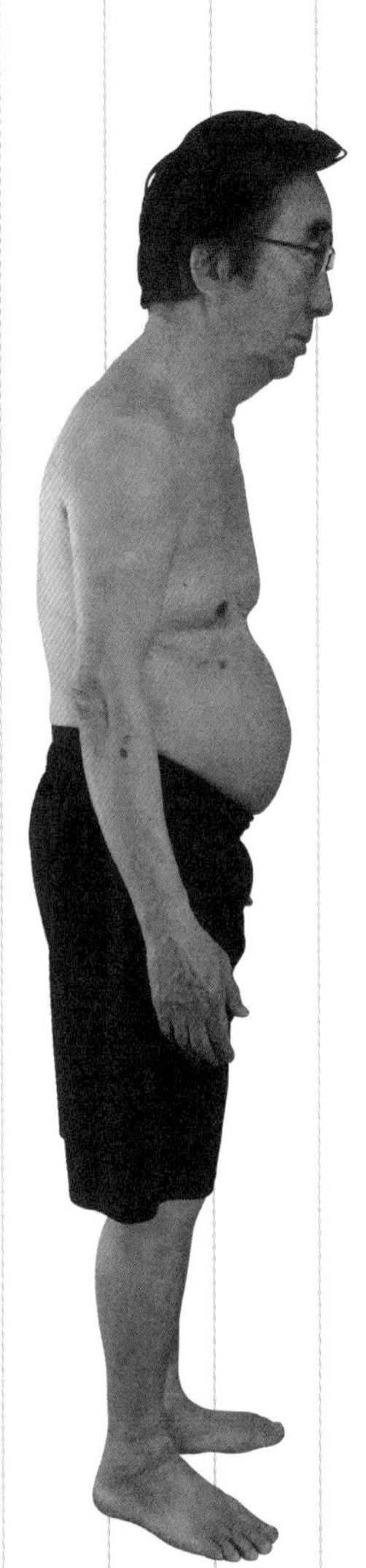

3年半まえ（86歳）

見た目もここまで変わった！

めちゃくちゃ
健康になったんです！

-2.9kg
体重
57.5kg

-8.8%
体脂肪率
17.1%

+2.8kg
筋肉量
45.2kg

いいやろ〜！

現在（90歳）

しかも見た目だけじゃなく、ほかにも……

歩くのがラクになり、外出が楽しくなった

スカーンと寝られて寝つけない夜がなくなった

誤嚥（ごえん）もなくなり、食べるのが楽しい！

……などなど。

いいことが山ほど起きたのです。

ホンマのこと言うたら、

幼い頃からえらい虚弱体質でよく学校を休んでいました。

19歳で片方の肺を取って、58歳で大腸がんにまでかかって、まさに満身創痍。
しかも、ここ20年ほどは「老い」も加わってしまった。
でも、筋トレのおかげで今は、身も心も元気ハツラツ！ になれたのです。
ぼくが身をもって証明しているように何歳からでも体は変えられるし、
体が変われば、気持ちまで明るくなります。

この本には筋トレ話のほかにも、
「楽しく健康に生きるためのぼくなりの知恵」や
今まで明かさなかった「人生の話」をつめ込みました。
ぼくの体験や考えが少しでも
あなたのお役に立てたらこれほどうれしいことはありません。
なにをするにも遅すぎることはおまへん。
みなさんも気になること、やりたいことがあれば、
ぜひやってみなはれ。……人生が変わるはずです。

『崑ちゃん90歳　今が一番、健康です！』目次

第1章
90歳「筋トレ」で、ここまで元気でっせ！

第2章 一緒にやりまっか？ 86歳で始めた「筋トレ」

第3章 ぼくが「若さキープ」のためにしている10のこと

90歳までピンピン！
崑ちゃん流「健康法」教えます！……74

第4章

弱視、難聴、片肺、大腸がん……実は満身創痍だったぼくの話

第5章 102歳まで生きる！ ぼくがこれからしたいこと

本文デザイン・DTP　黒田志麻
編集協力　横田緑
撮影　田附愛美
カバー・本文イラスト　風間勇人
本文イラスト　AdobeStock
協力　RIZAP株式会社

第1章

90歳「筋トレ」で、ここまで元気でっせ！

歩ける・噛める・姿勢がいい！
こんな老後、想像してませんでした

青空を見ながら、昔より元気に歩いてます

大村崑です。まだ生きています。90歳です。死んでまへん。死んでないどころか、寝たきりでもなく、車椅子でもなく、杖も使わないで自分の足で歩いています。ヨタヨタ歩きでも、すり足でもなく、50センチほどの歩幅でスタスタと、けっこうな速足（はやあし）で歩くこともできます。

よほど長く歩くのでなければ、1キロやそこらなら息切れすることもなく、ラクラク歩けるのです。

しかも、駅やデパート、ショッピングセンターでは、1階分ならエレベータ

ーやエスカレーターも原則、使わない。手すりをしっかり持って、階段を一段一段、上って、下っています。

ぼくの背中はピーンと伸びています。腰も曲がっていません。肩もしっかりとうしろに引けていて、その肩の位置から首がスッと伸びています。

背中と肩が丸まった「猫背」とは無縁の、実にいい姿勢をしているのです。ついでに言えば、膝も伸びています。痛みはもちろんありません。

胸を張り、背すじをピーンと伸ばして、大股でさっそうと歩いていると、気分もハレバレしてきます。

ふと見上げて、青空が広がっていたりすれば、幸せな気分になります。

ああ、長生きしてよかった、と思うのもそんなときです。

ちなみにぼく、腹も出ていません。そしてつくべきところには筋肉がしっかりついています。

セーターの上からも胸や肩の筋肉の盛り上がりがわかるし、ジーンズも、太ももやふくらはぎの筋肉の盛り上がりを隠すことはできまへん。

ぼくの体は今、服の上からでもそれとわかるほど、腕も脚も肩まわりも筋肉で盛り上がっているのです。すごいでっしゃろ。

まだ自慢話を続けさせてください。嫌味な崑ちゃんですが、今しばらくのご辛抱を。なにしろ90歳にして、これまでで最高の体になっているのです。自慢のひとつやふたつやみっつやよっつ、したくなってもおかしないでしょ。

90歳で、自分史上最高の体になってしまいました

スタスタと歩けるのも、ムキムキのナイスバディになったのも、種明かしをすると、実は3年半まえに始めた筋トレのおかげなのです。

筋トレのご利益は、ほかにもたくさんあります。

まずお伝えしたいのが「とにかくよく眠れるようになった!」ということ。

自分で言うのもなんですが、ぼく、年寄りとは思えないほどよく寝ます。トイレに起きるのは1回きり。1回も起きない夜もあるし、この間など、仕事で泊まったホテルで、10時間ぶっつづけで眠れたのにはびっくり仰天です。

以前は年寄りの例にもれず、毎晩、寝つけなくて、往生しました。ようやく眠りに落ちても、じきにトイレに起きる。最低でも3回はトイレに行っていました。

それが、筋トレを始めたら、スカーンと寝られるようになった。とくにジムで筋トレした日は、くたくたに疲れているから、ベッドに入ったら、もうバタンキュー。まるで、若者です。

ジムへ行かない日も、心地よい疲労感が続いているのか、すぐに眠れます。

それに今のぼくは、誤嚥とも無縁です。食べものをうまく飲み込めなくて、それが気管のほうへ入ってしまうのが誤嚥。体はその異物を気管から出そうと、猛烈に咳き込ませたり、むせぶようにさせたりするそうです。

以前はぼくも、誤嚥に悩まされたクチ。食事中に2回、3回咳き込むのはしょっちゅうで、唾でむせたりもしたものです。推測やけど、筋トレによって喉のまわりの筋肉が鍛えられて、飲み込む力が増したんやと思います。気がついたら、誤嚥がほぼゼロになっていたのです。

食べものの小さなかけらが肺に少しずつ入りつづけると、最後は誤嚥性肺炎になってお陀仏です。この恐ろしい誤嚥ともご縁がない崑ちゃんです。

さらにぼくの変化は、〝顔色〟にまで現れました。

今、人生で一番血色がいいのです。自分で言いますが、90歳の血色とはとても思えません。顔もふっくらしていて、そのおかげで、歳のわりにはシワも少ないほうだと思っています。

でも、ホントのことを言うと、以前は血の気の失せた土気色の顔をしていて、横山エンタツ師匠が「おい、死ぬるぞ、こいつ」と本気で心配したほどでした。若い頃からこっそり、血の気のない白い唇に口紅で色を足し、ほおにも口紅を薄くつけていたのです。

そんなぼくが90歳の今、筋トレで血の巡りがよくなったのでしょう、血の気を感じさせるような、うっすらと赤みを帯びた、健康そのものの顔色をしているのです。

「崑ちゃん、なんや顔色がようなって、ごっつう若返りはりましたなあ」

とよくほめられます。ほめられると、悪い気がしないどころか、うれしすぎて飛び上がりたいほどです。

入れ歯が1本もないことも自慢です。なんと、虫歯もなければ歯槽膿漏（しそうのうろう）もありません。

煎餅もバリバリ噛める、明石のタコかて簡単に噛み切れる。なんでもおいしく食べられます。もっとも歯が丈夫なのは生まれつきで、親に感謝しています。

ただ、それだけではありません。つい最近、歯医者が「崑さん、若い人の歯茎みたいになってるのは、なんでや？」とさかんに首をひねりました。以前にもまして歯茎が引きしまっていると言うのです。

ピンときました。きっと筋トレによって血液循環がよくなって、歯茎にも血がたくさん届くようになり、で、歯茎も健康になって、キュッと引きしまり、若返ったのだと思います。ほかに理由は考えられへん。

このほかにも、ずーっと昔から続いていた冷え性が治った、汗がかけるようになった、ひどかった肩こりもすっかりなくなった、風邪なんかめったに引かない、おまけに、何年も悩まされてきた耳鳴りも、飛蚊症（ひぶんしょう）も消えた……。耳鳴りや飛蚊症の原因の多くは、加齢だそうです。筋トレによってぼくの体はめちゃくちゃ若返った。だからきっと、加齢が原因の耳鳴りや飛蚊症も吹き飛んだのでしょう。

そして、定期健診での数値もいい。悪玉コレステロールが１０１（基準範囲60～１１９）、中性脂肪が85（基準範囲30～１４９）など、すべて正常値の範囲内です。とにかく全身の状態がよくて、めちゃめちゃ健康なのです。

「息切れ」がなくなった！　これは本当に奇跡です

まだ言うか！　とあきれられそうですが、もう少し。

筋トレを頑張って得た最大の成果は、息切れをしなくなったことだと思います。
まったく期待もしなければ、予想すらしなかった変化です。もっと言えば、肺の機能が高まり、肺活量がグッと増えたように感じるのです。

ぼくは19歳のとき、肺結核のため右の肺を切除しています。それ以来、「片肺飛行」のぼくはひどい息切れに悩まされつづけてきました。少し歩くだけで、すぐに息切れがするのです。

70年間以上も苦しめられてきた息切れから、筋トレが救い出してくれました。まさに奇跡以外のなにものでもおまへん。

ホンマにそんなことあるんですか、と怪しんでいる方もいるかもしれません。はい、ホンマです。

筋トレでは深い呼吸が大切になります。息を深く吸って、ゆっくりと吐き出す。これをくりかえしながら、体を動かすわけです。つまり、筋トレのたびに何百回も深い呼吸をくりかえすことで、呼吸で使う筋肉が鍛えられたんだと思います。そのため、肺活量が増えて、息切れもしづらくなったのでしょう。

実際、ぼくの筋トレの先生、岩越亘祐（いわごえこうすけ）さんによると、筋トレによって、肺を動かす「呼吸筋」という一連の筋肉群も鍛えられ、肺の周囲全体が発達して、機能が上がったのではないかということでした。

また、筋トレによって、肺がなくてぺちゃんこだった右胸にもたっぷり筋肉がつきました。そのおかげで左右の胸の高さが揃ったのです。以前は、右胸が極端に低くて左側との差が目立ちすぎ、ぴたっとしたTシャツが着られなかった。今は、左右の胸が同じように逞（たくま）しく盛り上がっているから、Tシャツかて着こなせます。

いずれにしても、たくさんの酸素を胸いっぱいに吸い込めるようになったおかげで、ぼくは今、少し歩いた程度では息切れしません。酸素を求めてハアハアと荒い呼吸をすることもなくなったのです。

片肺を切除してから70年間、ぼくは極端な「酸素不足」の状態のまま生きてきました。それが、最晩年になってはじめてふつうの人と同じように、ひょっとしたらそれ以上にたっぷりと酸素を吸い込みながら呼吸することができるようになったのです。

息切れをしなくなってからは、外出が楽しくてなりません。つい先日も、瑤子さん（ぼくの奥さんです）とふたりで買いものに出かけました。速足の瑤子さんと肩を並べて歩けて、いい気分です。で、なにかの拍子に瑤子さんの手がふれて、ぼくはそのまま瑤子さんの手を握って歩きました。

瑤子さんの手をつないで歩いたのは、何十年ぶりでしょう。久々に握った瑤子さんの手が温かくて、気分がなごみました。

その晩、瑤子さんはフェイスブックに「久しぶりに主人と手をつないで歩きました。主人の手は温かかった」と投稿していました。

同じこと、感じていたんですね。

自慢話のオンパレード、よう辛抱して読んでくれはりました。けど、ここからは違いまっせ。本人が書くのもつらい、情けない崑ちゃんの始まりです。

86歳まで「ザ・おじいちゃん」だったぼく

膝も腰も曲がって、ヨタヨタ歩き……「平均以下」のおじいちゃん

ぼくは86歳までは、平均的なおじいちゃんそのものでした。いや、これでは自分をほめすぎかもしれません。平均以下、標準以下の「ザ・おじいちゃん」だったと思います。

体形からして、実に情けなかった。細い腕や脚には、萎えた筋肉がちょびっとついているだけで、皮膚もシワシワ、筋肉を失った尻の皮膚は、力なくたるんで垂れさがって、なんや折りたためそうやおまへんか。

けど、腹だけはシワひとつない。1メートル近い腹囲の腹がプワーッと盛大に膨らんでいて、シワが寄る余裕がなかったためです。腹が邪魔して「息子」も見えません。

おまけに、膝も腰も曲がり、背中も丸まり、肩も首も前方に出ていて、これを年寄りと言わずになんと言う。

足腰もすっかり弱っていたから、歩き方も老人仕様。歩幅はわずか10センチほどでした。足は少ししか上がらず、床をするように歩きます。このヨタヨタ歩きに加えて、足の裏全体でペタペタ歩く姿が、いかにも年寄りくさい。

しかも、先ほどお話ししたように、19歳のときに肺結核を患って右の肺を切除している。片肺ですから、歩いていてもすぐに息切れする。足腰が弱っている上に片肺では、ますます歩くスピードは落ちます。情けないことです。

金払うのは、ぼくなのに……「瑶子さん、おいてかんといて！」

歩くのが遅いというのは、不便で、不都合で、屈辱的ですらあります。こんなこともありました――。

歩くことに関しては、瑤子さんは冷たい。息子も冷たい。

あるとき、3人で飯でも食いに行こう、という話になりました。店まで行くのに信号を渡ることになります。四つ角の信号が青になると、ふたりはスタスタと歩きだしました。

ぼくはハアハアしながらずっと離されても、ついていくしかおまへん。

早々と渡りきったふたりは角のもうひとつの信号が青になるのを待っています。赤のままでいてくれよ、と願いながらようやく渡りきると、そいつがすぐに青に変わり、ふたりはまたスタスタと歩きだすのです。少しは待たんかい。金はこっちが出すんやし。でも、待ってくれまへん。

仕方なく少し休もうと、信号の下の歩道の手すりに寄りかかっていると、どっかのオバハンがわざわざぼくのまえで自転車を降りて、「崑さんですか？」「ハイ」「どこかお悪いんですか？」と覗き込みよる。ほっといてくれ。

……86歳までは、こんな残念なことがたまにではなく、頻繁にあったのです。

その日は突然やってきた──筋トレ開始記念日

最初は全然乗り気じゃなかった

ザ・おじいちゃんな毎日をすごしていたある日、瑤子さんが「一緒にライザップへ行かへん?」と言いだしました。ぼくの体形や歩き方を見かねたのでしょう。

ぼくは即座に、「いやや」と答えました。

瑤子さんが言う「ライザップ」って、テレビでコマーシャルやっているあれやな。たしかトレーナーが一対一で、運動のやり方を教えてくれるやつや。

ぼくらは先輩の俳優の芸をじーっと観察して、まねて、盗んで、自分のものにしてきました。そやのに86歳にもなって、なんでトレーナーに教えられなならんねん。人から教えられることからして、気に食わない。

そういえば、舞台で一緒になった西郷輝彦さんから「先輩、くしゃみの仕方を教えてください」と頼まれたことがあります。台本には「ハクション！」とあるだけで、どうやっていいのかわからないと言うのです。

くしゃみを教えるのは、これはむずかしい。鼻を揺すって、舌を持ち上げて、お腹に力を入れて……と説明したけれど、うまく伝わりません。

「くしゃみにもいろんな種類があるけど、どれが希望ですか？　ハ、ハ、ハクション、は乾いたくしゃみ。へ、へ、へ、ヘクシ、ショヨンは汁気の多いくしゃみで……」と実演してみても、西郷さんは首をひねるばかり。しまいには「先輩のくしゃみ、売ってください」と言いだす始末です。売れませんがな、そんなもん。

なんの話でしたっけ？　そうそう、ライザップでした。

くしゃみの仕方ひとつとっても、ぼくは人がくしゃみをするのを見てまねて、盗んで、ものにしてきたという自負があります。しかも、ぼくは役者です。覚えはめっぽう早い。いっぺん見せてもらえば、すぐにできてしまう。

それやのに筋トレかなんか知らんけど、この歳になってなんで人に手とり足とり教わらなアカンねん。

ところが、瑤子さんが「近所やし、きっと楽しいと思うよ、体も引きしまるやろうし」と食い下がります。仕方なく、行くだけ行って、入会は断固断るつもりでした。

予想外の胸の高なりにジム通いを決意

瑤子さんに連れられて向かったライザップ。

入会しないつもりだったけれど、そこにいた受付の女性の雰囲気がよかった！　そしてなんとぼくよりも口が達者でした。にこやかで、感じがよくて、で、気がついたら、不覚にもぼくはジムに通いたくなってしまったのです。

「筋肉は死ぬまで鍛えられます」と、その女性は殺し文句をまず口にしました。「筋肉の知識を豊富に持ったトレーナーが、本格的な筋トレを基礎から教えます。崑さんも、じきに引きしまった、カッコいい体つきになれるし、体力がついて疲れにくくなりますよ」

女性はテンポよく話してくる。ほう。ええやん。

そして、最後の殺し文句が、「速く歩けるようになりますよ」でした。

このひとことで、徳俵でかろうじて踏ん張っていたぼくも、ついに土俵を割ったのです。

いったん土俵を割ったら、ワクワクしてきました。筋トレでぼくの人生が変わるような気がして、胸が高まります。86歳にもなって、新しいことに挑戦できる。なんとも楽しそうやおまへんか。

というわけで86歳の春、ぼくは生まれてはじめて、若者もすなる筋トレなるもののためにジム通いを決心したのでした。

はじめての筋トレ　はじめての筋肉痛

火曜日と金曜日の週2回、1回1時間程度の筋トレが始まりました。しかし、開始記念日たる初日はショックの連続です。

まず、スクワット。下半身を鍛えるには最高の運動で、「筋トレの王様」と呼ばれているそうです。が、これができない。

腰を沈めるときに、お尻をうしろへ突き出すように言われるのですが、それをすると、体ごとうしろへひっくり返りそうになるのです。脚の筋肉も尻の筋肉もあまりに弱っていて、体を支えることができないためです。

そこで、バランスボールにもたれておこなうことになりました。

けれど、バランスボールの助けを借りても、腰を浅く3、4回沈めただけで両脚がブルブル震えだして、それ以上続けられないのだから情けない話です。

マシーンを使った筋トレもおこないました。大胸筋などを鍛えて逞しい胸をつくるベンチプレス、正しい姿勢づくりに欠かせない背中の筋肉を鍛えるラットプルダウンなどに挑戦したのです。しかし、どれも3、4回が限界。

1時間程度のエクササイズが終わる頃には、ぼくは声が出ないほど疲れはてていました。全身汗だくで、ハアハアと肩で荒い息をするのがやっと。その場からしばらくは動けないほど疲労困憊です。

ところが、ふしぎなことに気分は爽快でした。何十年も経験したことのないほど爽快だったのです。

この日以降、ぼくの体のなかで時間が逆流しはじめました。86歳の春を境に、ぼくの体はどんどん若返っていったのです。

「こんな楽しさ知らんかった！」で、筋トレにやみつきに

86歳、まんまと筋トレにハマる

スクワットひとつまともにできなかった超劣等生のぼくです。でも、終わったあとの爽快感が忘れられず、筋トレに吸い寄せられるかのようにライザップに通うようになったのです。

すると、じきにスクワットも上達していきました。

回数も3、4回だったのが少しずつ増え、15回までできるようになったのです。しかも、太ももが床と平行になるまで深く腰を沈められるようになったのですから、もう劣等生とは呼ばせません。

腰を深く沈めながら15回。これを3セットくりかえします。合計45回。なかなかのもんでっしゃろ？

さらにトレーナーの岩越さんが、より体を鍛えるために、1回ごとの負荷を大きくする作戦を立てました。なんと、バーベルを肩に背負ってスクワットをすることになったのです。

10キロのバーベルから始めました。それが20キロに変わり、それからは、20キロのバーベルに2・5キロの軽いおもりを足していって、2年目には30キロの重さのバーベルを肩に背負ってスクワットができるようになったのです。そして、3年半たった今、バーベルの重さはなんと、40キロにもなりました。

できなかったことができるようになることほど、うれしくて、誇らしくて、愉快なことは、ほかにはありません。

前回より今回のほうが、わずか2・5キロでも重たいバーベルが背負えると、ぼくはうれしいんです。で、その積み重ねで、ついに40キロに到達したのですから、それはもう、うれしくて、うれしくて、全身が喜びにすっぽり包まれたかのようでした。

80代半ばをすぎて、こんなふうに無邪気に喜べることはそうそうおまへん。

しかも、ジムに通いはじめると、おもしろいぐらい体重が減ってきた。わずか3カ月で5キロも落ちたのです。もっとも、今は2キロほど戻っています。それは筋肉が増えたためです。筋肉は脂肪よりも重たいので、その分、体重も増えるのです。筋肉が増えれば、当然体は引きしまってきますがな。

ジムに通って3カ月で、ぼくは心も体も筋トレにすっかりハマっていました。「でも、崑ちゃん、筋肉痛って、痛うないの？」って、痛いに決まってますがな。でも、その痛みがふしぎと気持ちいいのです。気持ちいいから筋トレをやめられない。筋肉痛の心地よさを体が欲するのです。

ああ、これが「運動中毒」いうものか……。

ぼくは、筋肉痛を欲しがる体をなだめるために、週2回ジムに通いつづけました。気がつけば、筋トレを始めてから3年半もの時間がたっていたのです。

瑤子さんに誘われたとき、「いやや」と即座に答えたぼくが、そして、「86歳にもなって人に手とり足とり教えてもらえるかい」と腹を立てたぼくが、3カ月たつかたたぬかのうちに、まんまと筋トレにハマってしまいました。もう、ちょっとやそっとのことでは抜け出せません。

ぼくの師匠は、60歳年下の〝スーパーマン〟

ぼくのトレーナーは岩越亘祐さんという、ぼくより60歳も年下の青年です。身長185センチで、全身の筋肉はすべてこれ以上ないくらい鍛え上げられていて、太ももなど、華奢な女の人のウエストぐらいあります。あたりまえですが、そのほとんどが筋肉、それも岩のように硬い筋肉なのだから、すごい。

ぼくはそんな岩越さんを「スーパーマン」と呼ぶことにしました。わがスーパーマンはやさしくて、生真面目な好青年です。

よく「崑さんのスクワットは美しいですね」などとほめてもくれます。孫みたいな歳のスーパーマンにほめられると、それがまたうれしくて、スクワットがますます好きになります。

ただ、この心やさしいスーパーマンが、ときどき、ぼくを殺そうとしますねん。

こっちは40キロのバーベルを背負ったままで、腰を沈めていくんでっせ。1回でもどんだけしんどいか。7回目ともなると、太ももも腹筋もブルブル震えて踏んばれないから、浅く腰を沈めただけで腰を上げていきたくなります。が、すかさずスーパーマンが「崑さん、もっと深くいきましょう」。その声がやけに明るくて、清々(すがすが)しい。

無理や、もうできへんわ……。するとまた、明るく、清々しい声が響きます。「崑さん、大丈夫です、できます」。ぼくを殺す気やん。もう無理やねん。それなのに、結局はスーパーマンの声に励まされて、7回目も、そして8回目も、9回目も、太ももが床と平行になるまで腰を沈めるのです。

10回目で「はい、崑さん、最後です」。そんなん言われても、もう限界です。1回ぐらいおまけしてくれてもええやん。脚も腰も、もう1センチかて動けへん。こう思っていると、ぼくの心の声が聞こえているかのように、スーパーマンは「大丈夫です、崑さん、できます」の確信に満ちた明るい声を出します。

ホンマに殺されるわと思いながらも、その気になってしまうぼく。最後の1

回のために、力をふりしぼり、腰を下ろしていくのです。ぼくは渾身の力で10回目をやりおえます。どうやスーパーマン、おれ、やるやろ。そのとき、「崑さん、やりました！　すごいです」。その声がぼくの耳にそれまで以上に明るく、清々しく響くわけです。

スーパーマンはつねに、バーベルを担いでいるぼくのうしろにピタッとくっついてくれています。岩のようなカチカチの筋肉をした、見上げるばかりの長身のスーパーマンが、いざというときのためにすぐうしろにいるから、ぼくは殺されそうなハードなスクワットでも、安心して自分の動きに全神経を集中することができます。

60歳年下のイケメンと週2回会えることは、筋トレそのものと同じくらい楽しいですな。

「もうひとりの崑ちゃん」と、毎日葛藤しています

40キロのバーベルを背負って10回スクワットをくりかえすのが、1セット。

今は、基本的にこれを3セットおこなっています。40キロを肩に背負ってスクワットをくりかえすのは、毎回、限界への挑戦です。

太ももと床が平行になるまで体を沈めていき、そこからウーッと必死で上がっていきます。これを7回もくりかえしたら、太ももはもちろん、ふくらはぎも、尻も、腹も悲鳴を上げて、もう限界だと叫びます。

ところが、ケガをしないようにぼくのうしろにピタッと張りついているスーパーマンは「まだいけます!」と叫ぶ。この明るい声に励まされて、なんとか10回のスクワットをやりとげるのです。

1セット(スクワット10回)が終わると、休憩を取ります。といっても、たったの2分。

2分という短い休憩時間、ヘトヘトになったぼくは肩を大きく上下させて、ハアハアと荒い息をしながら、やっとの思いでアミノ酸入りのドリンクを飲み、吹き出す汗をぬぐいます。そして、また40キロのバーベルを背負って10回スクワットをして休憩――。これを2回くりかえすのです。

こうして毎回、限界に挑戦しているわけですが、限界に近づくと顔を出すのします。

向かって、あらんことか、「やめろ、やめんかい、壊れてまうぞ」とそそのか

こいつが悪いやっちゃ。老骨にムチ打ち、懸命に腰を沈めようとするぼくに

が、「もうひとりの大村崑」です。

この言葉に耳を傾けてギブアップしたら、ラクになります。

ぼくだってラクになりたい。でも、ぼくはその気持ちをなんとか抑え込んで、

太ももをグーッと下ろして、腰を沈めていくのです。

つまり、40キロのバーベルを担いでおこなう10回×3セットのスクワットは、

もうひとりの大村崑との戦いでもあります。

うん？　なんやこれでは、スポコンものですな（古いけど）。でも、この戦

いに勝つと、いいことがあります。筋肉がより効率よく刺激されるのです。

つまり、限界をめざすとは、それまで以上の強度でトレーニングをおこなお

うとする試みです。そうなると、筋肉もそれまで以上の高い強度に適応しなけ

ればなりません。その適応する過程で筋肉はより大きく育っていくそうです。

だから、スーパーマンの「崑さん、まだいけます」の明るい声に励まされな

がら、もうひとりの大村崑を追い払って、限界の一歩手前まで自分自身を追い込むわけです。

そんなことしてなにがおもろいねん、苦しいだけやん、とあきれている方も多いでしょう。その気持ちわかります。けど、肉体の限界に一度でも挑戦してみなはれ、なんとも気持ちがいい。体のなかから力がわきあがってきます。

そうして、自分にはまだできることがいろいろあるぞ、とそんな自信までわいてくるのですから、筋トレはやめられまへん。

ヨタヨタ歩きの86歳のぼくにできたのです。60代、70代、80代の「お若い方」なら、もっとラクなはずです。一度、筋トレで限界に挑戦してみたらどないです？　楽しいでっせ。

ちなみに、ぼくの最終目標は、50キロのバーベルを背負ってのスクワット10回×3セットです。死ぬまでには達成したいと、今日も頑張っています。

体が健康なおかげで、心まで「元気ハツラツ！」です

体に向き合っている今、毎日が楽しい！

筋トレを通じて自分の体と向き合う毎日は、文句なく楽しい。

なにが楽しいって、スクワットでも腕立て伏せでもなんでも、どれだけ上達したかが数字（回数とかバーベルの重さとか）ではっきりとわかるし、頑張っただけ、それに比例するように成果も出ます。たしかに「筋肉は裏切らない」。

数字が上がれば、ぼくの気持ちも上がります。興奮します。ぼくの穏やかで平和だった老後の日々に、筋トレが活気と生気を加えてくれたのです。

90歳の今、ぼくは心までハツラツとして、楽しい日々を送っています。

あるとき、知人がしみじみ語ったことがあります。

「どんよりと曇っている日は、気分が沈んでどうにもなりまへんねん。なんのために生きているのかわからへん。これから先、ただ年老いていくばかりやし、お迎えがくるのを待つばかりやし。うつになりそうです。崑ちゃんはそんなこと、ありませんか?」

ぼくの答えは、「ありません、なくなりました」。

筋トレのおかげでぼくには、たとえばスクワットのバーベルの重さを上げるといった、具体的な目標があります。しかも、いろいろなことに積極的になれて、活動的にもなっています。そのこと自体がうつっぽい気分を蹴散らして、沈みそうになる気持ちを浮き上がらせてくれるのです。

たとえば、以前は家族で出かけてもみんなについていけないし、息切れするのもしんどくて、外出が億劫でした。家でテレビでも見ていたかった。

ところが、今のぼくの下半身には太い筋肉がついています。歩いても、階段を上っても、そう簡単には疲れません。ちょっと外の空気を吸いたいなと思えば、瑤子さんを誘って気楽に散歩に出かけたりします。

外へ出れば、街路樹の葉の色で季節の移ろいを感じたり、コンクリートの裂け目に生える雑草の逞しさに目を見張ったり、賑やかなショッピングセンターで買いものをしたり……。目や耳にたくさんの刺激を浴びながら、外の世界と接することができます。家に閉じこもっているより、ずっと楽しい。


それに、外へ出られるようになったら、人との出会いも増えます。1年ほどまえから瑤子さんとぼくがフェイスブックを始めたのも、外へ出て、偶然会った若い人たちと話をしていて、おもろそうやな、と教えてもらった成果です。

今はほぼ毎日、フェイスブックに新しい写真をアップして楽しんでいます。新しいことを始めるのは、いくつになってもおもろいもんですな。


筋トレで体を鍛えていたら、歳がいってても好きなことができて、楽しいこともたくさん経験できます。心までハツラツ、ハレバレしてくるのです。

ぼくは90歳の健康な肉体に感謝状を贈りたい気持ちでいっぱいです。

自信満々、怖いものなしの毎日です

筋トレで得た筋肉は、ぼくに自信ももたらしました。

以前のぼくは老いさらばえた体を抱えて、車椅子になったら、寝たきりになったら、どないしよう、瑤子さんに先立たれてひとりぼっちになっても生きていけるんやろか……。夜中にふと目がさめたときなど、そんな不安におののいたものです。

当然、死への恐怖もありました。とくにぼくの場合、医者に「40歳までしか生きられない」と言われていたのです。若い頃からずっと80代に入っても、死の影に怯えつづけてきました。

ところが、今のぼくからは、寝たきり云々の不安も、死への恐怖もきれいさっぱり消えてしまったのです。筋トレで得た筋肉が、ぼくにとてつもない自信を与え、その結果、得体の知れない不安も具体的な恐怖も消滅してしまいました。

猫背で、ヨタヨタ歩いていた86歳の老人が、90歳の今、胸を張って背すじを伸ばし、大股の速足で歩いています。息切れもなくなり、肺がふたつ揃っている人に負けないだけの肺活量を誇っています。ほかにも、先ほど書いたようなたくさんのすごい変化が起きました。

昔ならとっくにあの世の住人なのに、このような変化がぼくの体に次々に起きて、今も進行中なのですから、自信かて生まれます。

ぼくは今、筋トレに忙しくて、その成果を喜ぶことにも忙しくて、筋肉痛に耐える、身もだえするような快感を味わうのにも忙しい……。そやから、考えても答えの出ない不安や恐怖に怯えているひまがないのかもしれません。

とにかく、この調子なら、自分の死ぬ日まで自分の脚で歩きつづけられるやろうし、毎日おいしくごはんを食べて、まわりを笑わせながら楽しくすごせるやろう、なによりも、１００歳まで仕事を続けられるかもしれないし、続けたい、と本気で考えるようになりました。

筋肉は気持ちまで前向きにしてくれます。ぼくのまえにはまだまだ可能性が広がっているようにさえ思えてくるのですから、ノーテンキというか、図々しいというか……。

でも、この的外れかもしれない自信がぼくの毎日をハッピーにしてくれていることは間違いありません。

今の体が「人生で一番好き」と言える理由

「虚弱児」だったぼくが、マッチョマンになれた奇跡

大股でさっさか歩けるし、息切れもしない。エスカレーターやエレベーターを使わず、階段の上り下りができて、姿勢がよくて、おまけに胸も肩も脚も逞しい筋肉で盛り上がっている。しかも、自分の歯で煎餅も明石のタコも食べられる。誤嚥はないし、夜もよく眠れるし、映画にも出演するし……。

90歳でこの健康状態だったら、自慢もしたくなります。……ただ、お話ししたとおり、86歳の春以前のぼくの健康度は、標準以下と言ってもいいものでした。

そしてぼくは、幼い頃からずっと病弱でもあったのです。

幼い頃はしょっちゅう風邪を引いたり、熱を出したりしては医者にかかっていました。虚弱体質で、しかも、目は生まれついての弱視で小学校2年生からメガネをかけていた。左耳の鼓膜に傷がついたせいで、小学生の頃からずっと難聴気味です。

おまけに19歳のとき、肺結核にかかって右の肺を取っています。なくなった肺が生えてくるはずもなく、ぼくは20歳から86歳までずっと左の肺ひとつで、ほかの人の半分ほどの肺活量で生きてきました。

肺の切除手術をした医者からは「40歳までしか生きられない」と宣告され、「結婚するな、子どももつくるな」との「禁止令」が出される始末です。58歳のときには、大腸がんの手術も受けています。

こういう話はあとで、た～っぷりすることにして、とにかく、満身創痍という言葉は、ぼくのためにあるようなものでした。

ところが、今のぼくはまさに「元気ハツラツ」です。今が、人生でもっとも健康だと言ってもいいほどです。

90歳のこの体が、これまでで一番気に入っているのです。それもこれも、全部筋トレのおかげ（そして、筋トレを頑張ってるぼく自身のおかげ）。

80代で始めた筋トレがくれたのは健康な体だけでなく、幸せで満ち足りた生活でした。ぼくは心から、筋トレを始めてよかったと思ってます。

自分が筋トレで幸せになったからこそ、できるだけ多くの人に筋トレをやってほしいなと思うのです。86歳のぼくでもできた！　80歳でも90歳でも始めるのに遅くはないし、成果はかならず出るはずです。ということで、このあとは、トレーナーに教えてもらってぼくも家でやっている筋トレを、ほんの少し紹介します。無理せん程度で、ぜひやってみてください。

第2章

一緒にやりまっか？・86歳で始めた「筋トレ」

自宅でできる!
4つの筋トレ

トレーナーさん直伝の「自宅でできる4つの筋トレ」を紹介します。動きは簡単、でも効果は抜群。さあ、みなさんもぼくと一緒に自宅で下半身や腹や背中の筋肉を鍛えましょう!

※平らでかつ、まわりに物などがない場所でおこないましょう。
※水分補給を適宜おこない、運動がしやすい服装で実施しましょう。
※準備体操は、60〜63ページにのっています。運動が久しぶりの人は準備体操をしてから筋トレに挑戦しましょう。

1 スクワット

……64ページ

なにに効く?
弱った足腰を強化して、最後まで歩ける体づくりに最適

どの筋肉に効く?
大腿四頭筋、大殿筋、ハムストリングなど

2 ドローイン

……66ページ

なにに効く?
ポッコリお腹など、出っ張った腹を引っ込めるのに効果的

どの筋肉に効く?
インナーマッスル(深部の筋肉)の腹横筋

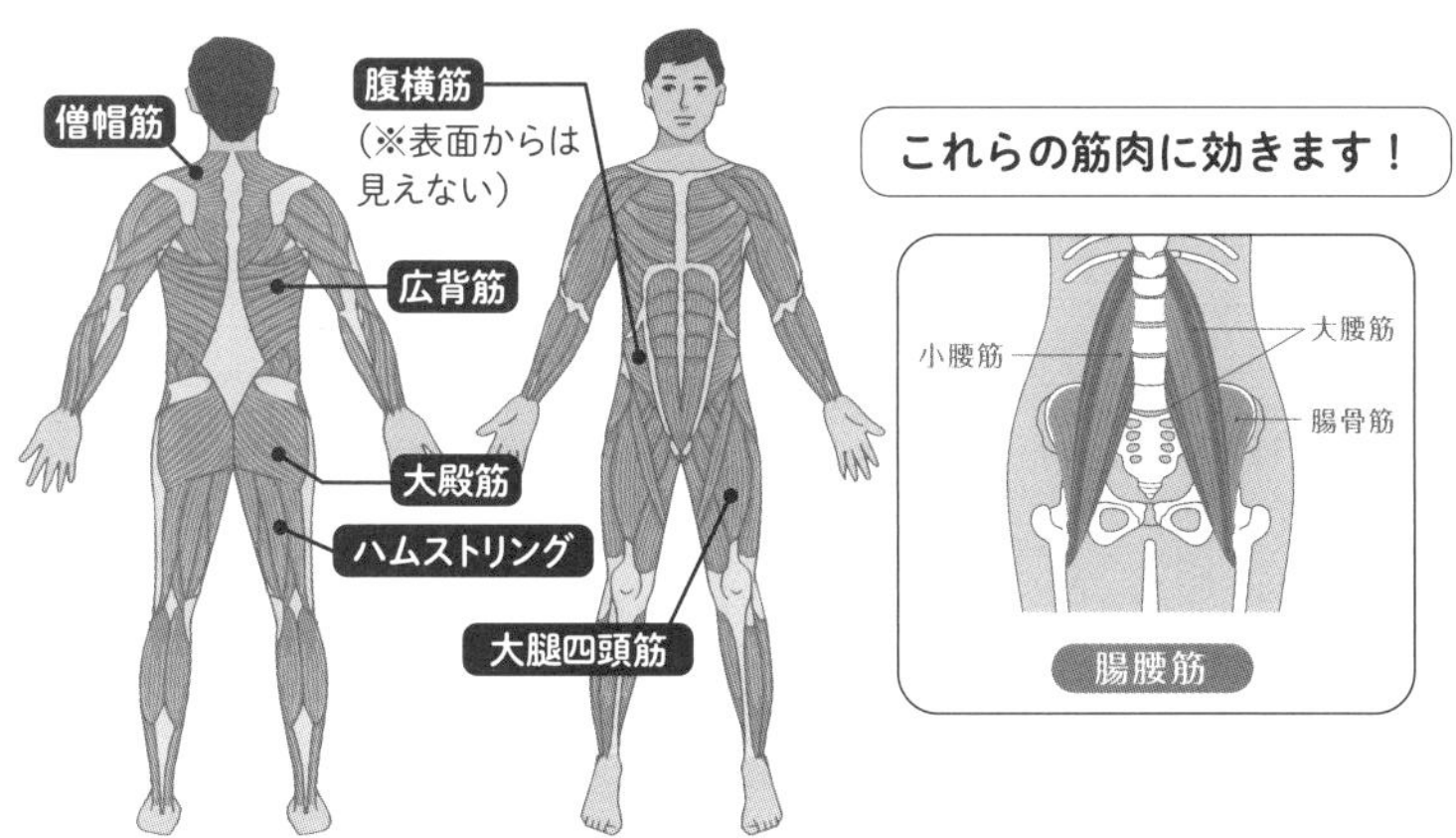

3 …… 肩甲骨引き寄せ

……68ページ

なにに効く？

背すじを伸ばし、猫背の改善に効果的

どの筋肉に効く？

広背筋、僧帽筋の中部と下部

4 …… もも上げ

……70ページ

なにに効く？

脚が上がりやすくなり、つまずき防止に役立つ

どの筋肉に効く？

おもに腸腰筋（ちょうようきん）。ほかにも大腿四頭筋など

トレーナーに聞く!

筋トレの6つの心得

筋トレも、やり方しだいでは効果が上がらないばかりか、ケガの危険も。そこで、トレーナーが効果的で、かつ、安全な筋トレのための心得を伝授。きちんと守って筋トレを大いに楽しみましょう。

1 ゆっくりと大きく動かす

多くの回数をこなすよりも、回数は少なくても、ひとつひとつの動作を大きく、ゆっくりおこなう。筋トレ効果が上がり、柔軟性も向上。

2 息をしっかり吐きながらおこなう

力を入れると、息を止めてしまいがち。息を止めると、血圧が上がる危険性が。これを防ぐために「力を入れる動作では、息を吐く」を守る。

3 筋肉痛がある間は、筋トレを休む

筋トレにより筋肉は傷つく。その傷が修復される過程で筋肉は育つ。筋肉痛がある間は筋トレを休んで、傷を癒したほうが効果的。

ライザップ トレーナー：
岩越さん

無理は禁物！
できる範囲でゆっくり
おこないましょう

4
痛みのある場合はやめる

膝や腰などに痛みを感じたら、その運動はやめること。なんらかの異常や疾患が考えられ、筋トレによって悪化させる可能性がある。

5
転びそうなら、椅子を活用しよう

筋力やバランス感覚が衰えている人は転倒の危険も。椅子を使って体を支えるとよい。椅子はローラーがついていないものを選ぶこと。

6
ソックスはすべり止めのついたものを

ソックスは足裏の皮膚の保護になる。ただし、すべりやすい床では、すべり止めつきのソックスを選ぶこと。スニーカーもおすすめ。

準備体操

1

足首のストレッチ

筋トレのまえにまずはストレッチで足首を伸ばしておきましょう。スクワットなどでのしゃがむ動作がラクになります。

1 椅子の背を持って立つ。腹に力を入れて、お尻の穴を引きしめ、背すじを伸ばすこと。

※各運動の回数や時間はあくまでも「目標値」です。無理は禁物。自分の体力などに合わせて、無理のない範囲でおこないましょう。

2 左脚をうしろへ引き、足裏全体を床につけて30秒間キープ。膝を伸ばし、かかとをしっかり床につけること。むずかしかったら、左脚を少しまえへ移動させるといい。次に、右脚についても同様に。以上を左右各3セット。

準備体操

2

太もも裏のストレッチ

縮んだ太ももの裏を伸ばします。腰、背中、ふくらはぎも伸びる優秀ストレッチ。

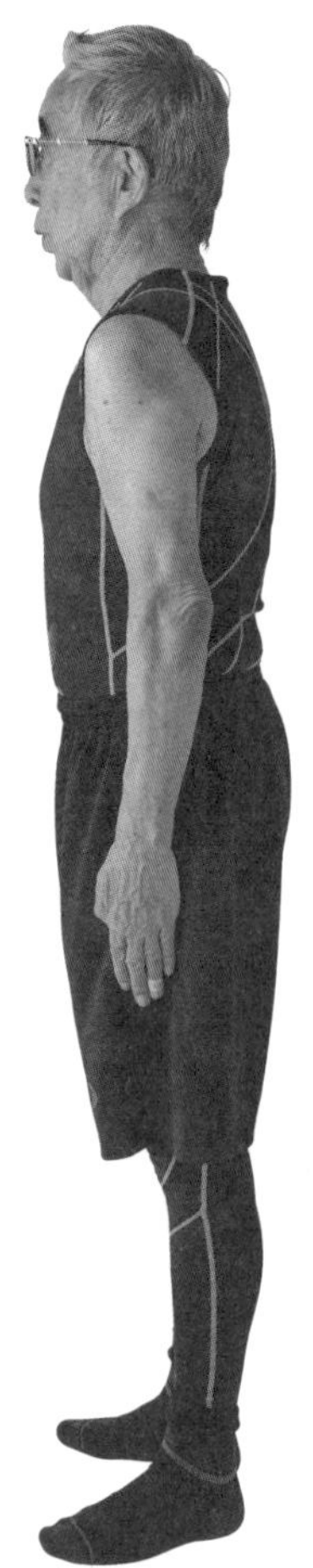

1 両足を肩幅に開いて立つ。腹に力を入れて、お尻の穴を引きしめ、背すじを伸ばして胸を張る。

※各運動の回数や時間はあくまでも「目標値」です。無理は禁物。自分の体力などに合わせて、無理のない範囲でおこないましょう。

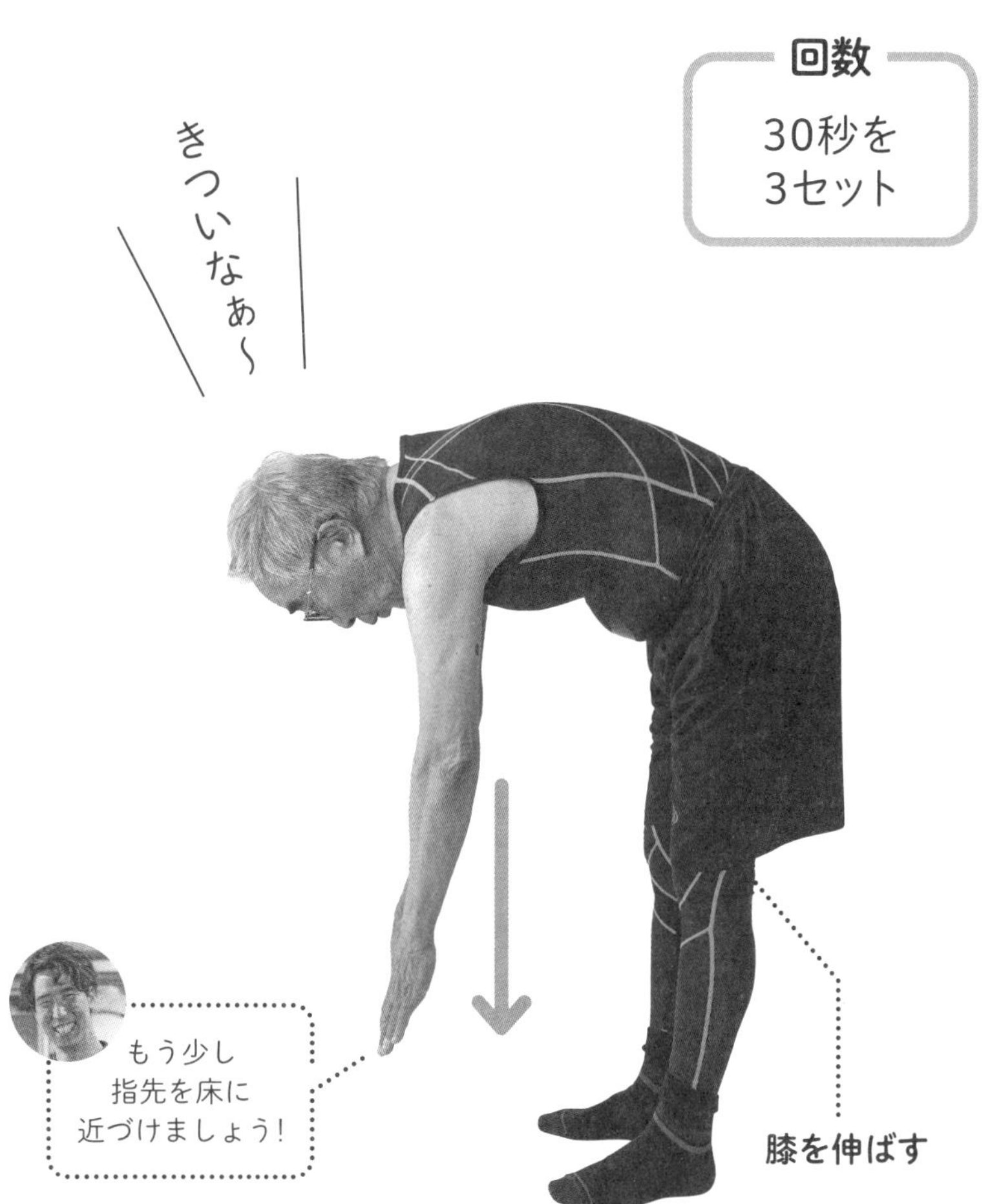

2 かかとに体重をかけて、上体を徐々に下ろしていき、指先を床にできるだけ近づける。膝を伸ばすこと。この体勢で30秒キープして3セット。なお、おもにふくらはぎを伸ばしたい場合は、つま先に体重をかける。

スクワット

下半身の大きな筋肉をいっぺんに鍛えられる「筋トレの王様」。最後まで歩ける体づくりに最適です。

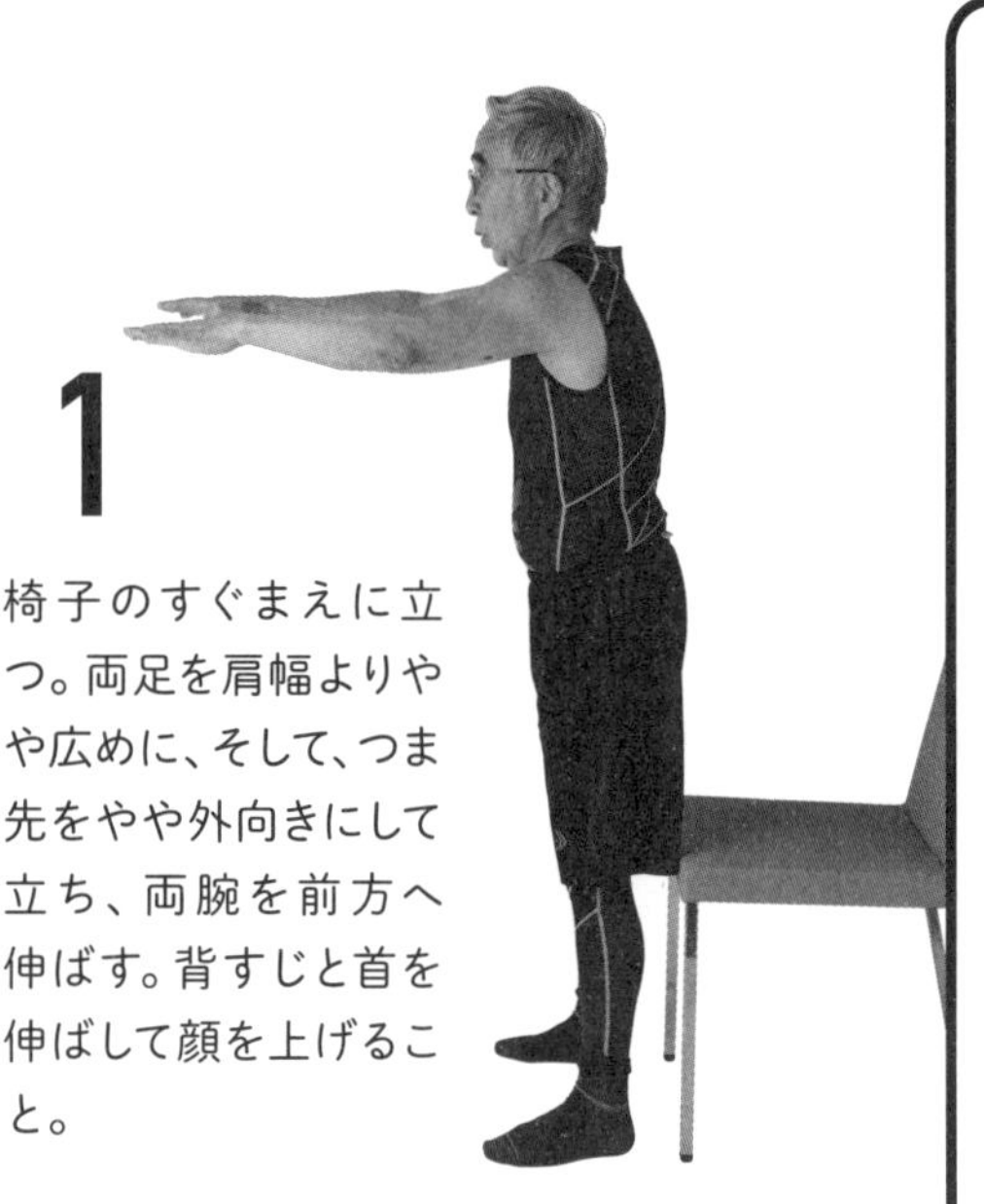

1

椅子のすぐまえに立つ。両足を肩幅よりやや広めに、そして、つま先をやや外向きにして立ち、両腕を前方へ伸ばす。背すじと首を伸ばして顔を上げること。

2

お尻をしっかりとうしろへ引きながら、ゆっくりと腰を沈めていく。上体は前方へ少し倒すイメージで。膝はつま先よりもまえに出ないように。つま先よりもまえに出ると、膝を痛める原因に。

※各運動の回数や時間はあくまでも「目標値」です。無理は禁物。自分の体力などに合わせて、無理のない範囲でおこないましょう。

10〜15回

3

最後にお尻を椅子に乗せる。背中が丸まると、お尻や太ももの裏の筋肉が使われづらくなるので注意すること。この体勢からゆっくりと立ち上がって、1に戻る。以上を10〜15回くりかえす。

ぼくが一番得意な筋トレや。
背すじが伸びていると、
お尻や太もも裏の筋肉にも
しっかり効きまっせ！

ドローイン

寝たままお腹を膨らませたり、引っ込めたりするだけで腹横筋が鍛えられます。出っ張り腹の解消に効果的。

回数

15〜20回

1

仰向けに寝て膝を曲げる。ゆっくりと息を吸い込みながら、お腹をできるだけ大きく膨らませていく。お腹のなかで風船を膨らませるイメージで。

2

ゆっくりと息を吐きながら、お腹を引っ込めていく。おへそを床につけるイメージで、限界まで引っ込めること。

3

1、2を15〜20回くりかえす。夜寝るまえや、朝起きたあとに、寝床でおこなうのもおすすめ。

寝ることで
重力を味方につけられて、
筋トレ効果が
高まるそうですな

※各運動の回数や時間はあくまでも「目標値」です。無理は禁物。自分の体力などに合わせて、無理のない範囲でおこないましょう。

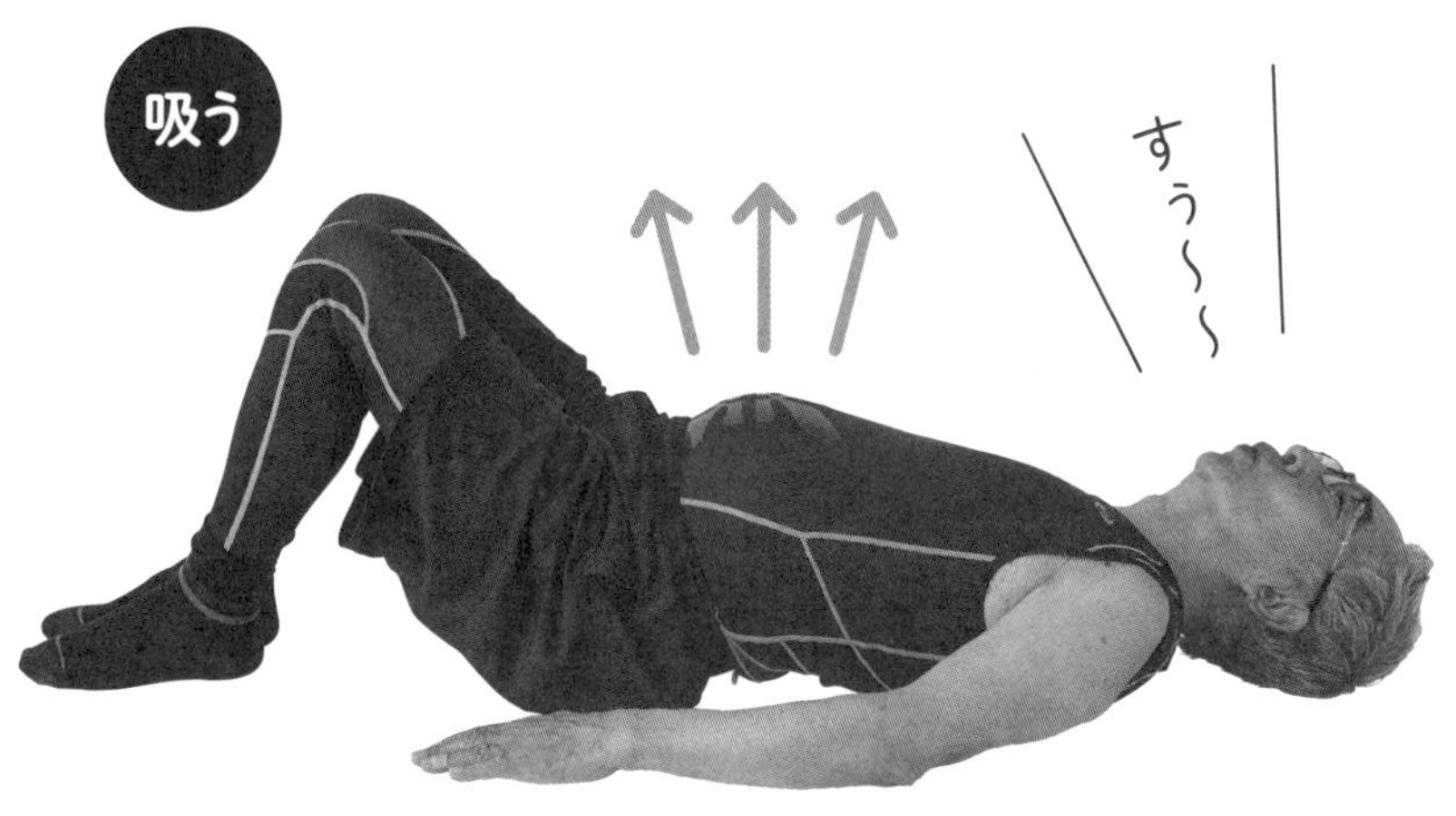

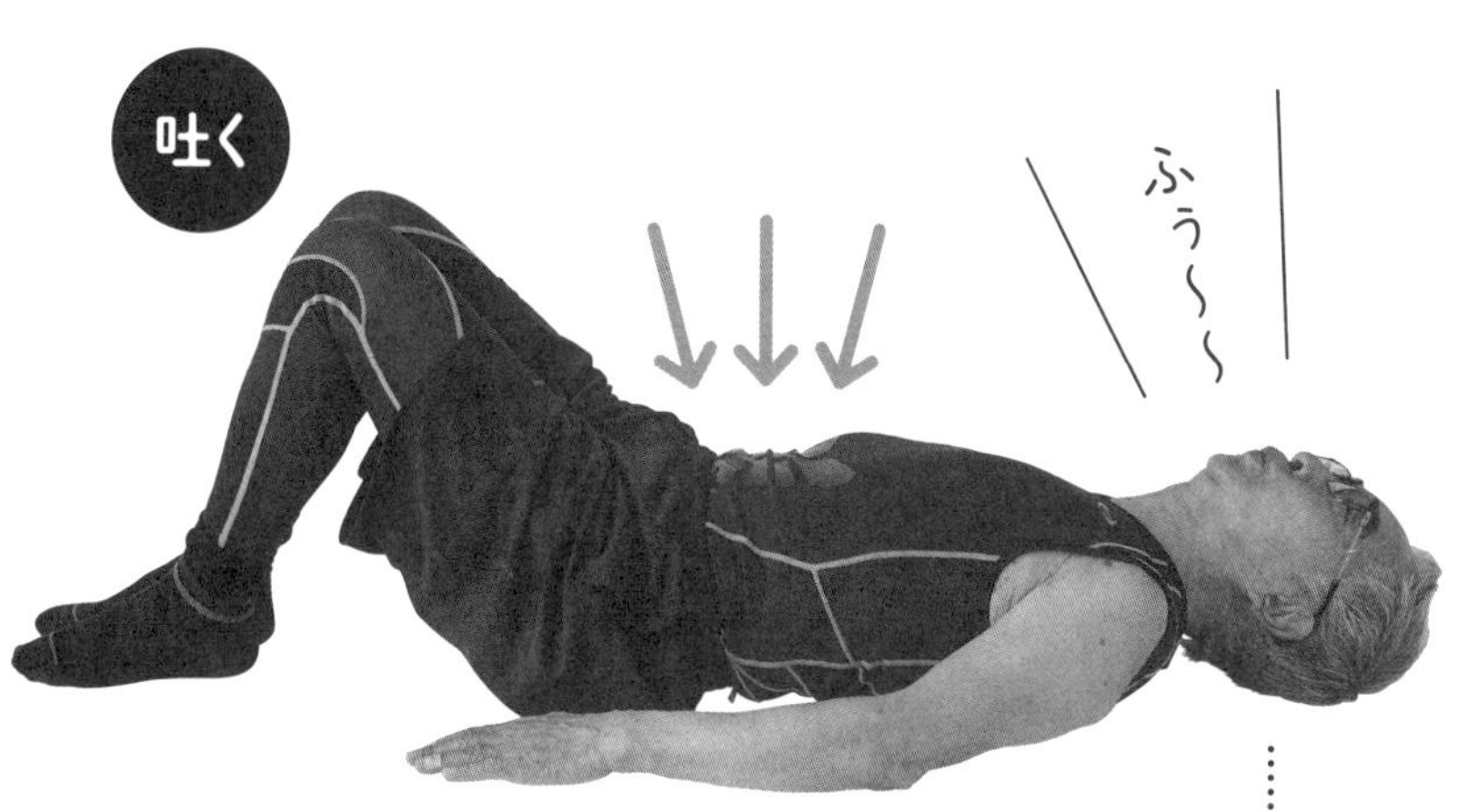

背中が伸びにくい人は、
頭の下に枕を入れて挑戦してみましょう

肩甲骨引き寄せ

続けることで若々しい姿勢に変わり、猫背改善にも効果的。トレーニングチューブを使っても。

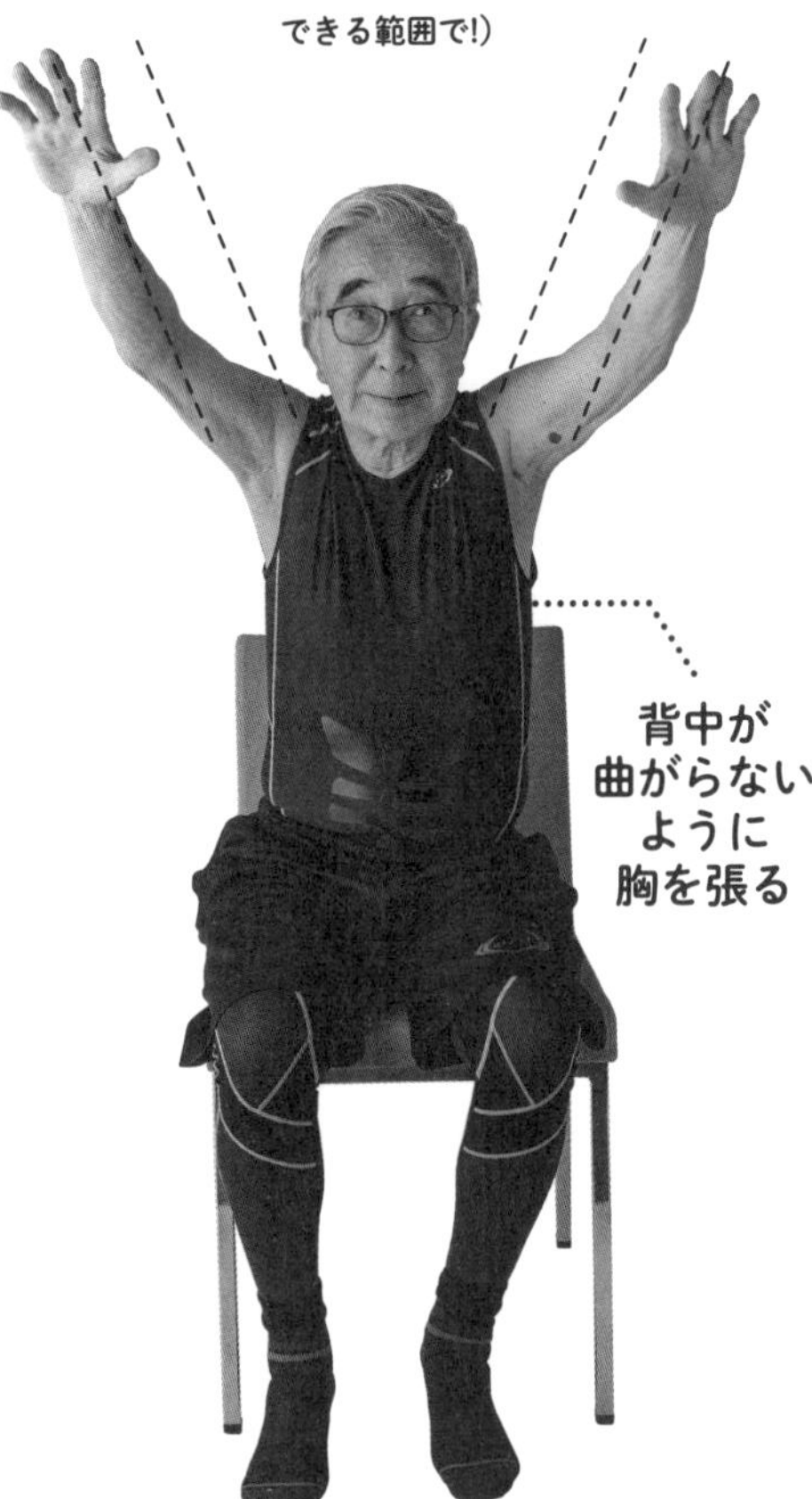

1 椅子に座り、背すじを伸ばして胸を張る。肩がすくまないように両腕を真上に上げて（できる範囲でOK）手の指を広げる。肘を伸ばすこと。腕がまえに倒れないように注意する。

※各運動の回数や時間はあくまでも「目標値」です。無理は禁物。自分の体力などに合わせて、無理のない範囲でおこないましょう。

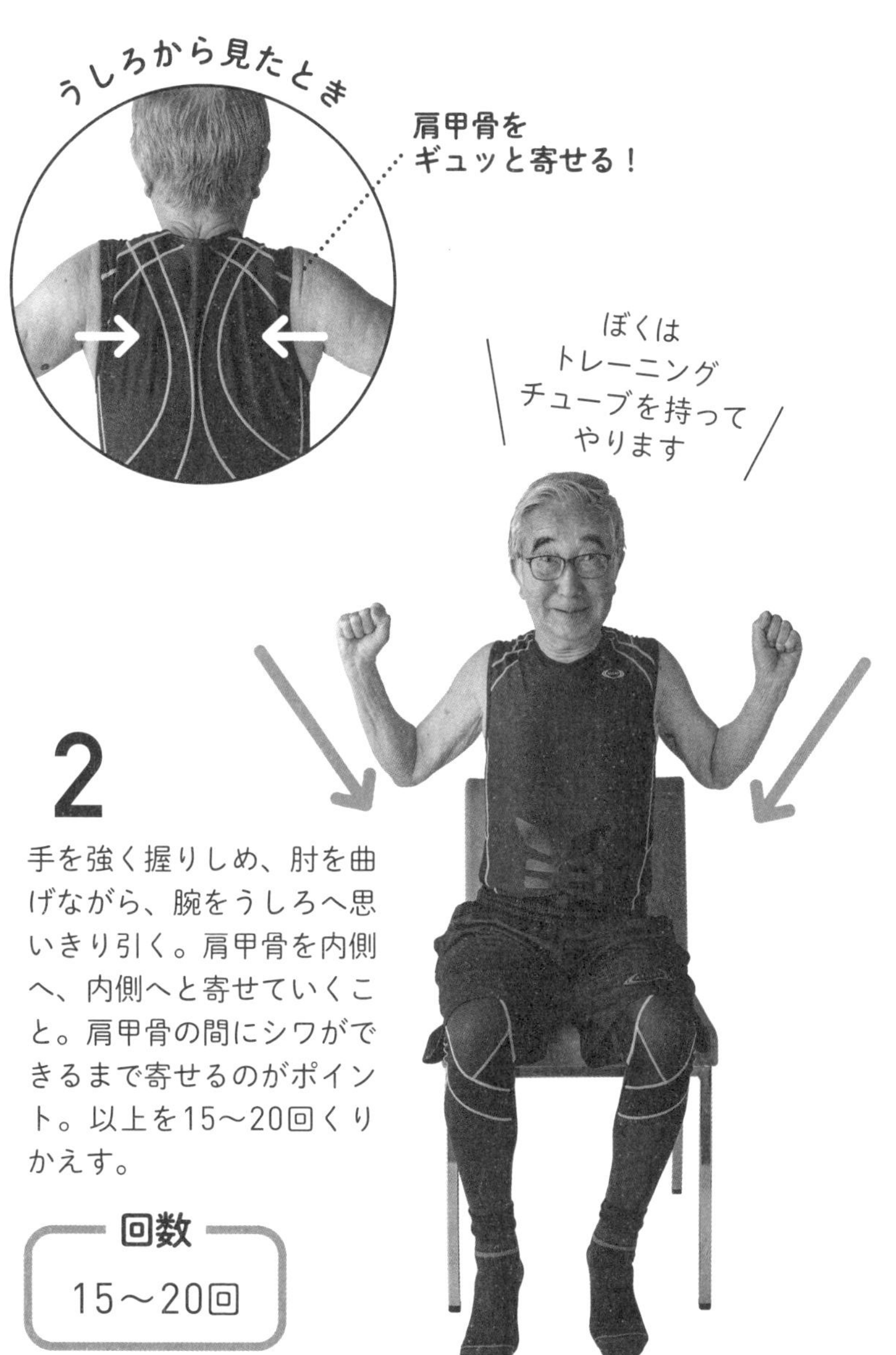

2

手を強く握りしめ、肘を曲げながら、腕をうしろへ思いきり引く。肩甲骨を内側へ、内側へと寄せていくこと。肩甲骨の間にシワができるまで寄せるのがポイント。以上を15〜20回くりかえす。

回数

15〜20回

もも上げ

ももを上げて下げる運動で腸腰筋を鍛えましょう。脚が上がりやすくなり、つまずき防止に役立ちます。

椅子のかわりに
柱を持っても
ええよ!

1

椅子の左側に立ち、右手で椅子の背を持つ。お腹とお尻の穴に力を入れて背すじを伸ばし、胸を張って立つ。

※各運動の回数や時間はあくまでも「目標値」です。無理は禁物。自分の体力などに合わせて、無理のない範囲でおこないましょう。

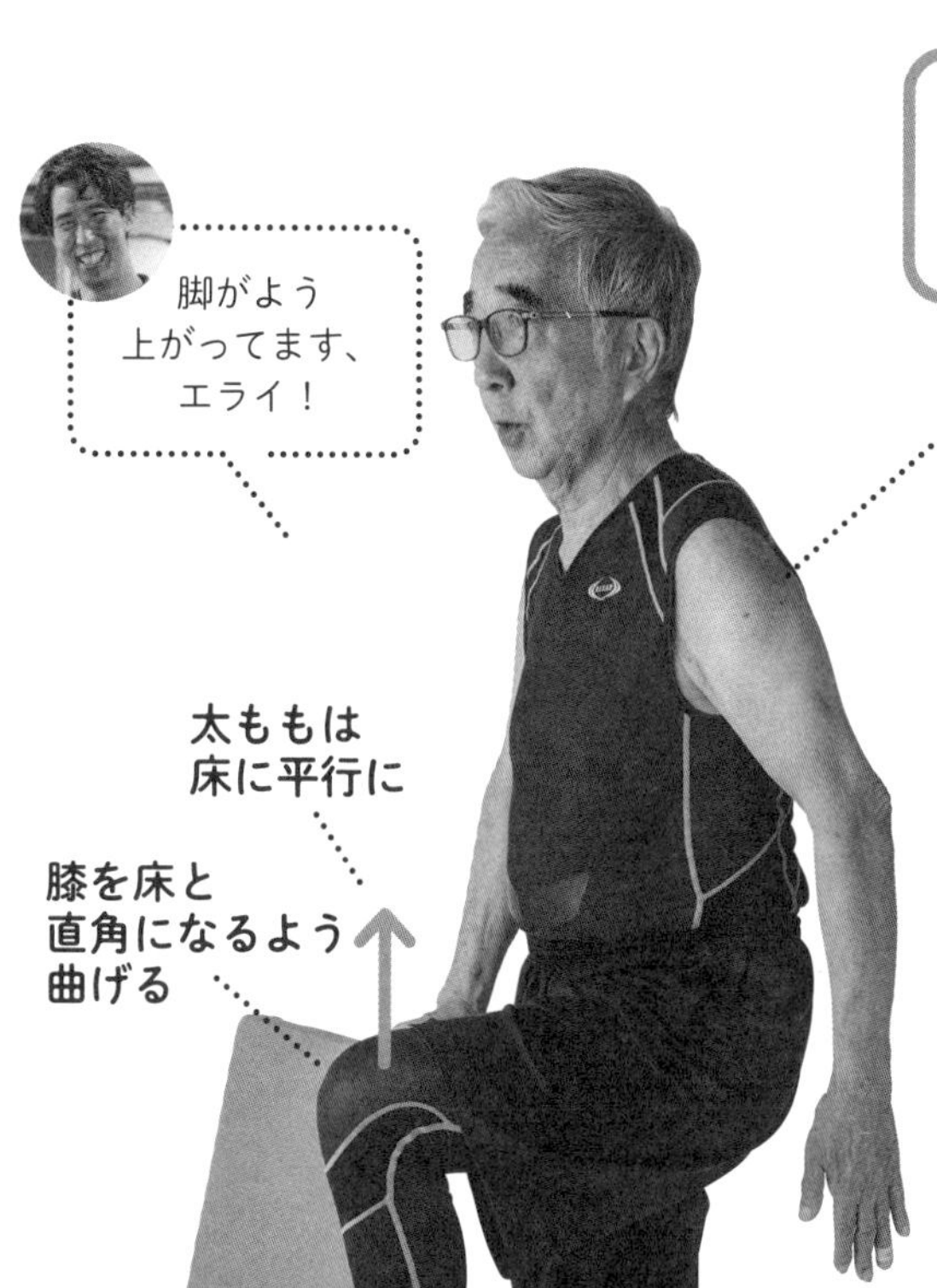

回数

左右各
30回

2

左脚を左ももが床と平行になるまで上げ、ゆっくり下ろす。これを30回くりかえす。次に、椅子の右側に立ち、左手で椅子の背を持ち、右脚についても同様に30回おこなう。

筋トレを始めて変わった!?

瑤子さんとの話

ぼくは小学生の頃からずっとおしゃべりでした。今でもしゃべることが大好きで、4時間、5時間ひとりでしゃべりまくっても疲れるどころか、だんだん元気になってきます。

ぼくがいくらおしゃべりだと言っても、相手が50も歳が離れていたら、話題を探すのにもひと苦労です。音楽やファッションや映画なども若い人と年寄りでは好みも違いますし、さすがのぼくもなにをしゃべっていいか戸惑います。そんなとき、わが筋トレが大いに助けてくれるのです──。

「やあ、崑さん、お若いですね。うちのおやじとは、えらい違いますわ」「実は、ジムで筋トレしてますねん」「ほお、どんなことしてるんですか?」「40キロのバーベル担いで、スクワットします」「ホンマに?すごいなぁ〜」といった具合に会話が続いていきます。

相手が何歳であれ、90歳の筋トレと聞くと、びっくり仰天。かならず、身を乗り出して、いろいろ聞いてきます。

健康に気を遣う人たちが多い昨今、筋トレは話題の糸口としては最強です。

夫婦も60年も一緒に暮らしていたら、たいがい話題も尽きます。ほとんどの夫婦で会話といえば、あそこが痛い、ここが痒い、暑いだ、寒いだ、風呂に入ったか、薬は飲んだか、ぐらいの会話とも言えないようなものが大半でしょう。

ところが、うちは違いまっせ。夫婦して筋トレの話題で盛り上がれます。「今日のバーベルは30キロや」「すごいなあ。でも私だって20キロまでいった」と称えあったり、励ましあったりするのです。

そのため、ふたりの距離がグンと縮まった気がします。

今やぼくら夫婦は、筋肉を鍛えて育てるという、ひとつの目標を共有する「同志」です。

老夫婦の毎日に彩りを添えるもののひとつが、共通の趣味かもしれません。そして、共通の趣味としては、寝たきり予防に効果があり、健康寿命を延ばすことにもつながる筋トレは最高です。

第3章

ぼくが「若さキープ」のためにしている10のこと

90歳までピンピン！ 崑ちゃん流「健康法」教えます！

筋トレを始めて、成果が実感できるようになったら、欲が出てきました。ジムに通う以外にも、健康のため、若さを保つためにも家でもいろいろなことがやりたくなったのです。

そこで、本などで勉強して、ぼくなりのエクササイズや健康法を考え、実践しています。ここに、それらを10の項目にまとめてみました。

これはもう、「ぼくなり」の健康法なので、合う合わないがあると思います。「そんなんずっとやってるわ！」って人もいるかもしれません。

でも、自分の体のことを考えて新しいことを始めるって、意外に楽しいもんです。おもろいと思ったもの、自分に合うものを見つけられたら、ぜひやってみてください。

1 朝起きたら、まずお風呂で発声練習

毎朝、起きたら、体をシャキッとさせたくて、一番に風呂に入ります。風呂に入ってまずやるのが、シャワーを浴びながらの発声練習。いくつになっても、ハリのある若々しい声でおしゃべりしたいのです。

声も年齢とともに老けます。声帯という筋肉も、ほったらかしにしていたら、衰えるばかりで、すぐに年寄りっぽい弱々しい声になってしまいます。そんな弱々しい声で演技をしてみなはれ、見ているお客さんかて、なんや気が滅入ってきて、ロクに笑えへんでしょ。

そうならないように、毎日、発声練習をして声帯の筋肉を鍛えているというわけです。

風呂場は湿度が高いので、喉を使う発声練習にはもってこい。シャワー

で口を湿らせておいて、アエイオウー、アエイオウー、アエイオウー、とくりかえします。喉の奥から声を出すのがポイントです。

発声練習のおかげか、電話の声も「若々しくて、90歳とはとても思えない」などとほめられたりします。

それに発声練習は、喉の筋肉の筋トレ。鍛錬を続けることで、きっと誤嚥の予防にもなると信じています。

2 大好きな「蹲踞（そんきょ）」で、足腰鍛えてます

ぼくは昔から大の相撲ファンです。席はいつも砂かぶり。迫力ありまっせ。テレビの相撲中継では、ここに崑ちゃんがいるでー、とアピールしたくて、あえて派手な洋服を着るようにしています。今は照ノ富士のファン

です。大けがして、苦労して横綱まで昇りつめた。頭が下がりますがな。で、相撲を見ていて思いついたエクササイズが蹲踞の姿勢です。お相撲さんは土俵に上がると、膝を開いて深く曲げて、かかとを上げたままで腰を沈めて、上体を真っすぐに保つ。あれが蹲踞です。

１００キロ以上もある巨漢であの姿勢を保つには、下半身がよほど強靭（きょうじん）でなければなりません。それで、ぼくも下半身を鍛えるために毎朝、風呂場で蹲踞の姿勢を取っています。浴槽の縁に手をかけ、立った状態から蹲踞に入って、そして立ち上がる。これを20回ほどくりかえします。

最初のうちはかなりキツくて、太ももの内側がバリバリと音をたてるような感じがしました。ところで、風呂場の床は滑りやすい。試してみたいと思った方は部屋のなかでテーブルの縁などにつかまっておこなうと安心でしょう。

ほかにもスクワットを20回おこない、握力強化のためにハンドグリップは毎日、左右とも300回くりかえします。

さらに、ゴム製のトレーニングチューブを使ったエクササイズを30回（※68ページの写真の動きをチューブを握っておこないます）、もも上げ左右各20回、前屈45秒……なども していま す。

こうやって書き出してみると、めちゃくちゃ運動しとるんやなと、自分のことながら改めて思いました。そいでもって、体を動かしたあとは、起きたての「おじいさん顔」がシャキーンとして60代の顔に変わってますねん。崑ちゃんって、すごいなぁ。

3 …… 伸ばして、縮めて…… 足指ゴルフボールで転倒しらず

ダイニングテーブルの下のぼくの足元には、いつもゴルフボールが4つ

も5つも転がっています。ごはんやおやつを食べながら、食後に瑤子さんとおしゃべりしながら、あるいはテレビを見ながら、ゴルフボールを5本の足指でつかんでギューッと握るのを習慣にしています。これも、ぼくなりの健康法のひとつです。

ゴルフボールはけっこう滑ります。そやから、最初のうちは往生しました。やっとつかめたと思っても、すぐに落ちてしまって、握れまへんのや。

どうやら、ぼくの足指の筋肉はよほど弱っていたらしいですな。

ぼくたち現代人は、1日に何時間も靴を履いてすごしているために、足の指は縮こまりっぱなしで、足指の筋肉は衰えるばかりだそうです。

いろいろな本によると、足指の筋肉が弱っていては、大地をしっかりと踏みしめて歩くこともできないし、よく言われる、かかとから着地して、つま先で蹴り上げる「正しい歩き方」もむずかしいらしい。ペタペタ歩きになって転倒しやすくもなるそうです。

そこで、足指の筋肉の鍛錬のために、食事の時間やテレビを見る時間などを利用して、テーブルの下のゴルフボールを足の指で握るようになったというわけです。

今では足指でゴルフボールをギュッと握って、持ち上げることもできるようになりました。足指に筋肉がしっかりついてきた証拠ですな。そうしたら、うれしいことに、蹲踞をするのがラクになったのです。しかも、足のむくみがかなり改善された。足の指を動かすことで、滞っていた血液が流れるようになったためかもしれません。

瑤子さんは足の指を使って、「グーチョキパー」ができます。足の指の筋肉が発達していて、よく動くんですな。ぼくもゴルフボールのエクササイズで早いとこ、瑤子さんに追いつきたいもんです。

4 いついかなるときも、尻の穴に力を入れる

見た目の若々しさを決定づけるのが、背すじのピンと伸びた「いい姿勢」。

そこで、ぼくは寝ているとき以外は、いつも「いい姿勢」を意識しています。テレビを見ているときも、食事をしているときも、タクシーを待っているときも……いい姿勢をつねに心がけているのです。


いい姿勢を保つポイントは、「お尻の穴」と「腹」です。つまり、肛門をキュッと締めて、腹にグッと力を入れる。すると、自然に腰や背すじが伸びてくるからふしぎです。

うれしいことに、つねに腹に力を入れることで、姿勢がよくなるだけでなく、腹筋も少しずつ鍛えられます。

つい忘れてお尻や腹から力が抜けて、腰や背中が丸まってしまうこともありました。でも、気づくたびにすぐに修正していたら、忘れる回数が少しずつ減っていったのです。

今では、体がいい姿勢を覚え込んだらしく、意識しなくてもいい姿勢が取れるようになっています。

で、ぼくの場合は、お尻の穴と腹に力を入れたとき、同時に肩甲骨の間にシワが寄るほど両肩をうしろへグッと引くようにしています。すると、胸が上がり、まえへグッと張り出します。

これができるようになったら、ジイサンでもバアサンでも、イイ男、イイ女になれますよ。

5 1年365日、毎日「ブロッコリー」生活

ブロッコリーは筋トレをしている人間の間では、鶏の胸肉と並んで大人気の食品です。ぼくも毎日1房ずつ食べつづけています。

ライザップで教えてもらったのですが、ブロッコリーはまさに栄養の宝

庫だそうです。とくに多いのがビタミンC。その量は100グラムあたりのブロッコリーで、レモンの約5倍以上!

ほかにもビタミンE、葉酸、カリウム、カロテン、クロム、食物繊維など多種多様な栄養素が含まれているそうですが、なんと言っても驚くべきは筋肉が大きくなるのに欠かせない「たんぱく質」の量。100グラムあたりの含有量が4・3グラムにもおよびます。

これは、ニンジンやキャベツ、タマネギなどのおなじみの野菜の、約4~5倍もの量になるそうです。筋肉を増やしたい人間にはたまらん食材。ブロッコリーさまさまです。

しかも、糖質はニンジンの半分以下、ジャガイモの10分の1以下。筋肉を育てるのに不可欠なたんぱく質を多く含み、糖質は少なくて、低カロリーのブロッコリー。筋トレをしている人たちが競って食べるのもうなずけます。

うちではアマニ油をかけてレモンを搾(しぼ)ったり、明太マヨネーズをかけたり、と目先を変えることで、毎回おいしく食べています。

ブロッコリーのいいところは、60回は噛まないと、なかなか飲み込めないところ。しっかり噛むことで、顔の筋トレもできている気がしてます。あるとき医者から、よく噛んで食べものを小さく噛み砕いてから飲み込めば、胃腸への負担も小さくてすみ、長生きできる、と聞いたことがあり、ブロッコリー以外の食べものも基本的には、ひとくちにつき30回以上よくよく噛んで食べているぼくです。

食事でほかに気をつけているのは、炭水化物をとりすぎないようにすること。

でも、まったくとらないというわけではなく、ごはんもパンも食べています。おいしいですもん。ただし、食べるのは午前中だけ。寝るまえの夕食では、口にしまへん。ごはん抜き、パン抜きの夕食にもすぐに慣れました。腹八分が守れて快調でっせ。

6 歯のメンテナンスは、「二段構え」で

90歳のジイサンが煎餅をバリバリ食べてみなはれ、みんなひっくり返るほど驚きはりますがな。ぼくは虫歯も歯槽膿漏も、入れ歯の1本もない。ブリッジもなし。

健康そのものの歯をこの歳まで保ってこられたのは、「二段構えのメンテナンス」のおかげだと思っています。

大川橋蔵さんが主演のドラマ『銭形平次』にゲスト出演したときのことです。「親分、きれいな歯をしてますねえ」とヨイショすると、橋蔵さんが耳元で「崑ちゃん、スターはね、歯がきれいじゃなかったらダメだよ」とささやきます。「ほう、どうしたらいいんです?」「歯石を取りなさい、

歯石を」と言うのです。

今から40年以上もまえの話だから、「歯石ってなんやねん?」って感じでしたが、とにかく橋蔵さんのアドバイスを聞いて、2カ月に1回、歯医者さんで歯石を取ってもらうようになりました。これが、ぼくの歯のケア、二段構えのうちのひとつめ。プロの力をしっかり借りたのです。

けれど、歯石の除去も、きちんと歯を磨いていてこそ、その効果が発揮されます。歯のメンテナンスの基本は、あくまでも毎日の歯磨きです。これが、歯のケア、二段構えのうちのもうひとつです。

ぼくは、食後のほかに、朝起きたあとと、夜寝るまえの1日5回、歯を磨いていています。1回にかける時間は10分ほど。1カ所につき20回を目安に、歯ブラシをこまかく動かします。歯石のたまりやすい歯と歯の間、そして、歯と歯茎の境目はとくに意識して、ていねいに磨くようにしています。

また、歯ブラシが傷むと、毛が外向きに反ってきます。このような状態では、いくら磨いたって、汚れをうまくかきだすことはできません。早めに新しい歯ブラシと交換することが大切ですね。ぼくの場合は、約半月に1回の割合で交換しています。

朝、歯を磨いたら、そのあと舌ブラシで舌もケア。舌には食べカスや細菌、口のなかの粘膜が剥がれた小片などがびっしり付着しています。放置してたまってくると、口臭の原因にもなるそうですから、怖いですな。

舌の上の部分だけではなく、舌の両脇や根本もしっかりと磨いています。とくに両側にはたくさん汚れが付着していて、磨くと変な色の塊が取れて口のなかがすっきりして、実に気持ちがいい。あとはたっぷりの水で口をすすいだら、歯と舌のケアは終わりです。

ぼくの場合、生まれつき歯が丈夫だったのでしょう。両親には感謝しています。それでも、二段構えのメンテナンスをしてこなかったら、90歳でこの状態を到底、保ってはいられなかったと思っています。

7 体のために、バッグの持ち方まで変えました

バッグの持ち方にもコツがあります。

肺が片方しかないぼくは、幸いスターさんだったものだから、バッグもなにもかも付き人やマネージャーが持ってくれました。ただ手ぶらで彼らのあとをついていけばよかったのです。

今は付き人もいません。ライザップへも自分でスポーツバッグをさげて行きます。バッグに着替えやスニーカー、タオル、水などを入れると、けっこうな重さになります。

あるとき、ぼくが帰ろうとすると、スーパーマンが「崑さん、バッグは体のうしろへくるように持ちましょう」と言うのです。

なるほど、ぼくは体よりもまえで持っていて、そのためバッグの重みで、

肩も首も背中も腰もすべて前方へ傾いて猫背になっていたのです。

スーパーマンの指摘にしたがって、バッグをうしろへ引いたら、肩がうしろへいき、上体が立ち上がって首も背中も腰も伸びたのです。それからは「体よりうしろ」と心のなかで唱えながらバッグを持つようになりました。

ほんのちょっとしたことですが、小さなことの積み重ねが大きな違いを生む。そう信じて、90歳のぼくは今日も重たいバッグを「体よりうしろ」を守って持っています。なんとも、涙ぐましい努力ですわ。

8 「信頼できない医者」は、スッパリ関係を断つ

ぼくはお医者さんに恵まれてきました。肺の切除手術をしてくれた結核病棟の先生には、今も足を向けて寝られません。

ほかにも、これまでたくさんのお医者さんの世話になってきました。そのほとんどが優秀で、人柄もよい方たちです。ところが、まれに尊大で、不愛想で、患者を見下したような医者に出くわすこともあります。

あるとき、マネージャーを連れて歯科医に行ったら、「あんたの歯の磨き方はなっていない、ぼくの教えたとおりにやらないからダメなんだ」と歯医者が高圧的に言ってきました。ぼくが「奥の歯に歯ブラシをつっこんだら、喉がエーッとなって、うまくできませんねん」と答えると、不機嫌そうな声で「それなら嫁はんにやってもらうか、あそこにいるマネージャーにでもやってもらえ」とこきやがったのです。

当然、ぼくはキレた。

「バカたれ！　マネージャーにやってもらえるか。嫁はんのまえで口、アーン開けて、歯、磨いてちょうだい？　ふざけたことぬかしやがって、子どもじゃないんだ！」

歯医者のペラペラのエプロンをパッと取って診察台から下りると、受付へ直行。そこで診察券をビリッと破って（受付のおねえちゃん、かんにんやで）マネージャーに「ゼニ払っとけ」と言って出ていきました。

人間は感情の生きものです。この手の医者の診察を受けていても不愉快になるばかりで、治る病気も治りません。その医者の下す診断や治療法を信頼することもできないでしょう。

ぼくの場合、大変なときでもお医者さんを信頼できたから、そのお医者さんの提案する治療法に賭けてみよう、頑張ってみようという気になれました。病気に打ち勝つには、その気持ちがとても大切やと思います。

医者を信頼できなくては、頑張ろうという気持ちにはなかなかなれません。なので、尊大で、不愛想で、患者を見下したような医者に限らず、どうも頼りない、いい加減やなあ、などと感じたときは、自分の体を守るために、スパッと関係を切ることにしています。

医者も患者も同じ人間、同等の人間。どちらが上で、どちらが下ということはありません。ですから、言いたいことがあったら堂々と主張すればいい。

なにもぼくのようにキレて、診察券を破ることはないし、そんなやり方をおすすめするわけにもいきません。でも、相手が医者だからと遠慮してはあきまへん。理不尽な物言いや態度に対してはきっちり反論するなり、論破するなり、怒鳴りつけるなりするのが、ものの道理、人の道というもんですな。

9 「医者はふたり以上持て」が、ぼくのモットー

セカンドオピニオンという言葉が広く言われるようになるまえから、ぼくは「医者はふたり以上持て」と言っていました。実際、ぼくには東京と大阪にひとりずつ主治医がいます。

ひとりきりしかいない場合には、その医者が黒と言えば、黒でいくしかない。選択肢がないわけです。が、ふたりいれば、選択肢が広がります。たとえば、ふたりの医者がともにAという薬をすすめたら、ぼくはAを飲むことにします。ひとりがAを、もうひとりがBをすすめたら？　その場合には、資料や関連する本を読んでから自分で考えて、自分で決めます。最後に決めるのは、自分。そして、決めるためには、素人なりに勉強もしなければあきまへん。面倒だと思うかもしれませんが、これも大切な自分の体を守るため。

薬についても、ぼくなりのやり方があります。

市販の薬を使うときには、ぼくは能書（添付文書）のなかの［注意］から先に読みます。これを読まないで、［効能・効果］だけを読んで薬を飲む人もいるようですが、怖いやん。

［注意］にはたとえば、「緑内障、前立腺肥大、排尿困難のある人は医者に相談してください」と書かれていたりします。それに気づかずに前立腺

肥大の人などが薬を飲めば、重大な副作用が現れる危険性もあります。

ところが、この［注意］の多くは小さな細い字で書かれています。そこで、読みとばさないように、かならず［注意］を先に読むようにしているのです。能書の小さな細い文字は、虫メガネを使ってでも読む。これもぼくのモットーです。

10 どんな日でも、ユーモアを忘れない

笑いを仕事にしてきたぼくは、「笑いは幸せの入口」だと思っています。寂しかったり悲しかったりしても、笑えば楽しくなります。家に笑い声が響くと、それだけでも幸せな気分になれる。それに、夫婦喧嘩を防ぐには、笑いが一番。雲行きが怪しくなったら、どちらかが笑わせる。笑って

いると喧嘩するのがアホらしくなります。

ぼくは残された人生を、1日でも2日でも楽しい日を多いものにしたい。だから、1日最低でも1回は瑤子さんを笑わせています。大笑いでなくても、小さな笑いでも手数多くくりだせば、楽しくなれますし、相手も笑いで返してくれれば最高です。

笑いのジャブをいくつもくりだしているうちに、アッパーカットが当たって、大笑いになることもあります。

ダジャレでもモノマネでもなんでもOK。その日、見たり、聞いたりしたことにひと工夫、ひとひねりを加えて、笑いをつくり出しています。

ダジャレひとつひねり出すのにも、ときには脳をフル回転させます。そやから、人を笑わせる努力は、すぐれた「脳トレ」にもなります。喜劇役者のぼくが言うんやから、間違いおまへん。

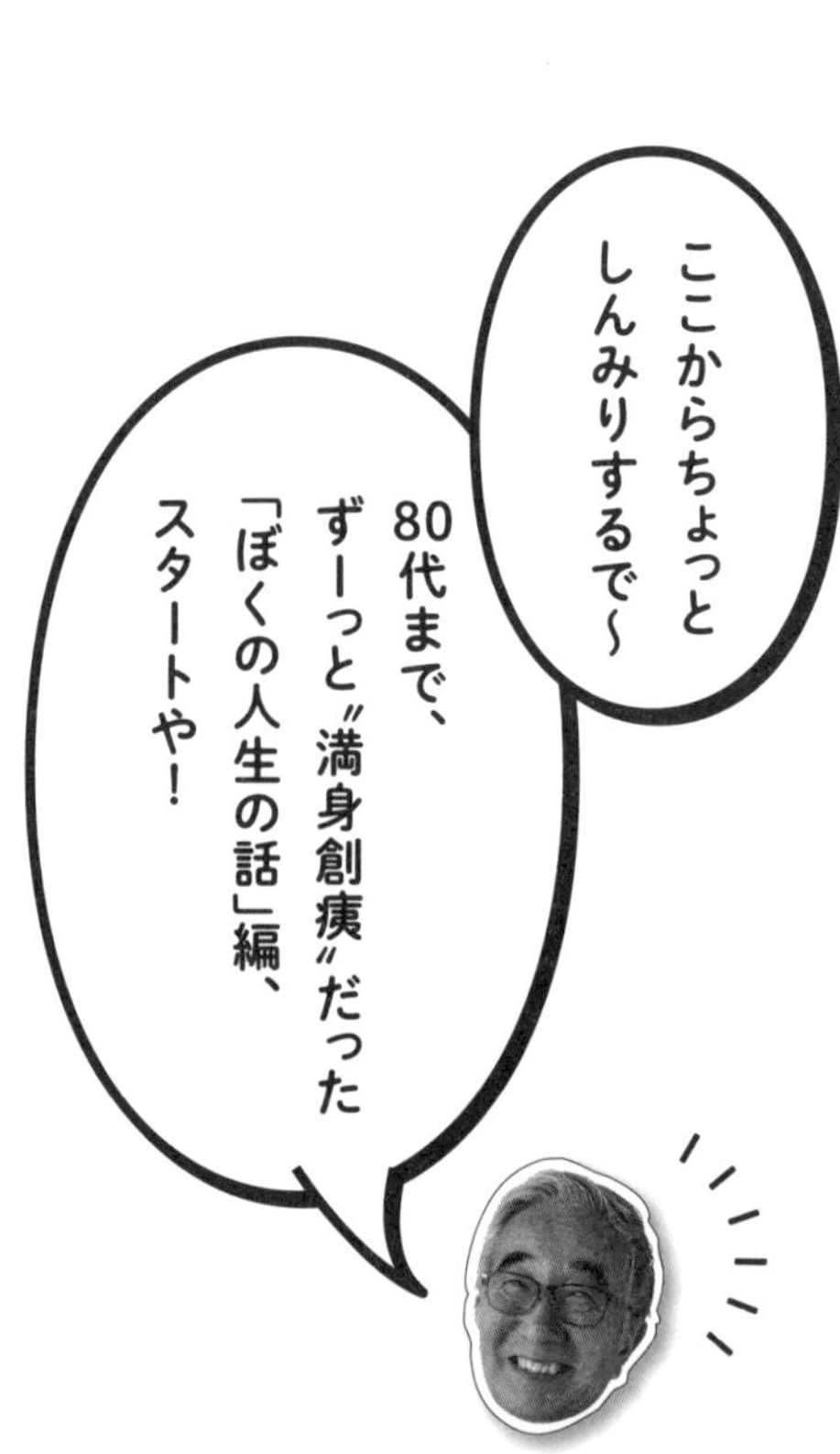
ここからちょっと
しんみりするで〜
80代まで、
ずーっと〝満身創痍〟だった
「ぼくの人生の話」編、
スタートや！

第4章

弱視、難聴、片肺、大腸がん……実は満身創痍だったぼくの話

虚弱体質を「満喫」していた"ええし(いいとこ)のぼん"

「神戸の浅草」新開地が小さなぼくの遊び場だった

今はめちゃくちゃ健康体なぼくですが、実は人生の少なくない時間を、病気や不調に悩まされてきました。そりゃ90年も生きていれば人生いろいろありますがな、結核やら、がんやら、それらにまつわる手術やら……。自分で言うのもなんやけれど、けっこう大変だったと思います。

ここからは、ぼくがどうやって度重なる病気と向き合いながら、「崑ちゃん」を続けてきたか、ぼくの90年を振り返りたいと思ってます。「崑ちゃん劇場」どうか、おつき合いくださ い。

ぼくは昭和6年、神戸の新開地で生まれて9歳までそこですごしました。新開地は、東京でいえばちょうど浅草。劇場や映画館、飲食店がひしめく、えらい賑やかな街でした。

おやじは写真館を、おふくろは電気屋をやっていて、どちらも繁盛していたようです。ぼくはこう見えても、下町のお金持ちのぼんぼんだったんですね。

一番古い記憶といえば、3歳の頃、おやじに肩車されて見た新開地の景色です。映画や劇場の看板が立ち並ぶ、華やかな街の様子を今もはっきりと覚えています。おやじの肩の上に乗ったぼくは、首が痛くなるほど忙しくあちこちを見ながら、興奮していたことでしょう。

おやじは背が高くて、整った顔立ちの、今でいうイケメンで、女性にようモテたし、どうやら女の人には手が早かったようです。よく幼稚園が終わる頃に迎えに来ては、「おい、ぼうず、風呂行こう」などと言いだします。

ところが、おやじは風呂へは行かずに、劇場という劇場を覗いては楽屋へ入っていって、役者さんたちにご祝儀をあげたりするのです。そして、楽屋で化粧を落としている女の子に、「めし、ごちそうしたるよ」などと声をかけ、誘い出していたのです。ひどい話で、ぼくは楽屋にほったらかしですわ。

楽屋に残されたぼくは、おねえさんたちにかつらをつけられて白塗りにされて、衣装を着せられ、役者のおじさんからはセリフを教えられて、なんと、舞台に立たされるのです。

で、「ととさんの名は十郎兵衛、かかさんはお弓と申します～」なんてやるわけです。人形浄瑠璃『傾城阿波の鳴門』の有名なセリフを4、5歳の子どもが言うのだから、会場は拍手喝采。最後にはおひねりは飛んでくる、お菓子は飛んでくる。えらい騒ぎでした。

ぼくが喜劇役者になったのも、あのとき舞台で味わった興奮と快感の記憶が、体の芯に刻まれたためかもしれません。

ラッキー!? 小学校では養護学級へ

昭和13年、ぼくは大開尋常小学校（現・神戸市立兵庫大開小学校）に入学します。都会のまんなかにあるマンモス校で、10人くらいの特別クラス「養護学級」も併設されていました。

ぼくは虚弱体質で、すぐに風邪を引くし、熱も出すし、お腹も壊すしという子どもだったので養護学級に入れられました。これが誤解を恐れずに言えば、ホンマ、ラッキーでした。


小学校に入学した昭和13年といえば、戦争の足音が近づいていた時期。学校でも兵隊あがりの教師が教練の授業をしていました。真冬の凍てつく朝でも校庭に生徒を集めて、女の子まで上半身裸になって、「きさまらたるんでいる！」なんて怒鳴られながら乾布摩擦をさせられているのです。

でも、ぼくら養護学級の生徒は、真冬に校庭に、それも上半身裸で出されるなんてことはありえません。なにしろ、みんな虚弱体質ですから。

で、校庭で乾布摩擦するみんなを3階の窓から見下ろして、「かわいそうやなあ」とか言いながら、高みの見物です。

その首には、真綿の襟巻が巻かれています。体が弱いぼんが、風邪でも引いたらえらいこっちゃ。

教室ではストーブが赤々と燃えていて、蓋の上には、母親たちのつくった弁当がいくつも並べられています。弁当が温まってくると、おいしそうな匂いが教室中に漂うのです。

校庭では、また別のクラスの子どもたちが上半身裸で、「きさまらたるんでいる！」と怒鳴られながら、乾布摩擦をしていました。

ぼくは乾布摩擦なんてさせられないで、ホンマによかったなあ、と虚弱体質を〝満喫〟しながら、養護学級の2年間を楽しくすごしたのです。

クラスのみんなを得意の落語で笑わす毎日

担任は女性の前田先生でした。ある日、「ちょっと具合が悪いから、あとはあんた、お願いね」と言って帰ってしまわれました。そこで、ぼくは落語を披露したのです。

小学2年生のぼくは教壇の上に正座して、扇子を持ち出して「一席、おつき合い願います」などと始めました。十八番は『平林』という有名な古典落語。レコードを何度も聴いて覚えた大好きな演目です。

『平林』の聞かせどころは、「平林」という名字をいろいろな読み方で「タイラバヤシかヒラリンか、イチハチジュウのモークモク……」とリズムに乗って唱えるシーンです。みんな、奇妙奇天烈な音の連発にゲラゲラ笑ってくれます。隣の教室にも聞こえていたらしく、そのクラスの宮本先生に「うちでもやってくれ」と頼まれましたっけ。

落語に限らず、ぼくはおもろいことをするのが得意でした。たぶん、おやじの影響でしょう。陽気で、明るいおやじはお祭りのときなど、よくみんなと歌って踊ってドンチャン騒ぎをしていました。子どもだから、学校でもそれをそのまままねて遊ぶわけです。

その姿を見たのでしょう、前田先生から「噺家か漫才師になりなさい」と言われ、ぼくもまんざらではなかったようです。

「チフス」で家族はバラバラ、ぼくは難聴に

人生が大きく変わった日

虚弱体質とはいえ、なに不自由なく楽しくすごしていたええしのぼん。その人生が突如として暗転します。昭和16年元旦、おやじが突然亡くなりました。42歳でした。ぼくはまだ9歳です。

まえの年の12月25日、クリスマスにおやじは高熱を出して、入院のために隔離車に乗せられました。「寒い」と言って、長いねんねこを羽織って、隔離車のなかに運ばれたおやじ。「ほな、行ってくるで。すぐ帰ってくるからな」と笑顔で言った姿が、生きているおやじを見た最後でした。

隔離車のドアがバチャーンと大きな音を立てて閉まると、すぐに、消毒用の車も来て、車から出てきた男たちがうちの玄関を板で釘付けにして部屋中に白い粉をまきまくり、それだけでは足りずに近くの道も、ぼくの小学校も、おやじが行った風呂屋も白い粉だらけにしていったのです。

おやじは腸チフスでした。入院してわずか1週間で逝ってしまいました。

おふくろは生まれたばかりの娘と4歳の娘を抱いて泣くばかりです。のちに養母となる伯母は、長男のぼくを遺体安置所へ連れていきました。

長い廊下を歩いてたどり着いた部屋のベッドに、人が横たわっていました。

顔の上の白い布が取られ、ガリガリに痩せた骸骨のような男の人の顔が現れます。伯母が「お父ちゃんよ」と言います。

「ちゃう、ちゃう、お父ちゃんやない！」

ぼくはそう言ってきかなかったそうです。

伯母が泣きながら、「お父ちゃんいうたら、お父ちゃんやって」「ちゃう、お父ちゃんとちゃう」「こうなってしもうたんやって」……。

帰り道、伯母もぼくも黙って泣きながら、ただ歩いていました。

家はすでに隔離状態で、外へ一歩も出られません。白い粉だらけの家のなかで親子4人が息をひそめて生きていました。マスク姿の親戚の人が弁当をつくって届けてくれますが、感染が怖いのでしょう、弁当を玄関に置くと、マスクをさらに手で覆いながら飛んで帰っていくのです。

「チフスの家や！」と叫びながら石を投げてガラスを割るやつもいれば、塀に「チフス」と落書きするやつもいました。

やがて隔離期間が終わって学校へ行くと、何人もの子どもが「チフスの子や」とはやしたてて石を投げつけます。町内の人たちも同じです。ぼくによくしてくれた近所のおばさんも、弟みたいにかわいがってくれた隣のおねえさんも、ぼくの顔を見るなり「あっち行って！」と手で追い払うのです。

生前のおやじは近所の長屋の人たちが困っていれば相談に乗り、お祭りの寄付集めに奔走し、先頭に立って祭りの櫓（やぐら）をつくっていました。おやじは町内の人気者だったはずです。

なのに、残された家族にこのような仕打ちをする……。

ほんの2カ月ほどまえに9歳になったばかりのぼくは、人間が不実なものだとか、残忍で醜悪な顔を隠し持っている生きものであるとか、そういったことはわからないまま、ただ悔しさと悲しさと寂しさのなかで耐えていました。

白い粉だらけの家に、親戚が集まり親族会議が開かれました。今でいう母子家庭となった一家をこの先、どうしたらいいかを話し合うためです。

おやじは7人きょうだいの末っ子でした。会議の結果、おやじの一番上の兄がぼくを引きとり、4歳の妹、房江はおふくろの妹に預けられ、そして、乳飲み子だった美津子だけはおふくろが育てることになったのです。

この日を境に、ぼくたちは別れ別れになってしまいました。一家離散となったのです。

自殺もできずに、泣きながら寝る毎日

ぼくを引きとってくれた伯父の住まいは神戸市内にありました。伯父は大阪

の心斎橋で写真館を営み、結婚式や七五三、葬式などの記念写真を撮っていて、繁盛していたようで、助手も何人か抱えていました。

伯父はひどく寡黙で、ウンでもないスンでもない、必要なとき以外、ほとんどしゃべらないような人でした。

それにひきかえ、奥さん、つまりぼくの伯母で、義母となる女性は口が達者で、名言とも暴言ともつかない言葉もよく吐いていました。おやじの遺体が置かれていた安置所へ連れていってくれたのも、この伯母です。

大阪の船場から嫁いできたそうで、船場といえば、江戸時代から続く由緒正しい問屋街で、谷崎潤一郎の『細雪』の舞台も船場です。

伯母の実家は船場で大きな印刷所を経営していました。伯母は船場のお嬢さん育ちだったわけですが、これがめちゃくちゃキツい人でした。

親戚とはいえ、ぼくは、ほとんど見ず知らずの人の家にもらわれてきたのです。しばらくは不安と悲しさで毎晩、ふとんに入ると泣いていました。泣く以外になにもできなかったのです。

大切な家族を事故や事件で失い、たったひとり残された方が必死の想いで記者会見を開いて、被害者としての深い悲しみを語ることもあります。

そういった姿に、あのときの自分が重なります。ぼくもある日突然、ひとりぼっちになって、同じように打ちひしがれていました。けれど、あの頃のぼくとその方たちとの間には決定的な違いがあります。

あの方々は大人で、自分の意見を大勢の人のまえで述べる術や頭脳や賢さがあります。が、9歳のぼくにはその頭脳も賢さもなく、さらに言えば、経済力もなかった。生きる術がなかったのです。

もっと考えられる頭があったとしたら、あるいは将来を悲観して自殺していたかもしれません。が、そうするにはあまりに幼くて、無知でした。けれど、幼くて無知な人間でも、生き抜くためには必死でものを考えます。

寂しくて、悲しくて、途方に暮れていた力ない子どもは毎晩、ふとんのなかで泣きながらも、そして、父と母と妹たちともう一度会いたいと願いながらも、この先、おじちゃんとおばちゃんにかわいがってもろうて生きていかなあかん、と自分に言いきかせていたのです。

難聴の原因は、「おばちゃん」と呼びつづけたこと

伯母でもある義母は強烈な女性で、見たこともないようなキツい女性でした。挨拶がなってないといっては叩かれ、箸の持ち方が悪いといっては叩かれ、宿題をさぼったといっては叩かれます。

そして、ぼくが「おばちゃん」と呼ぶたびに、「お母さんやろ！」と平手打ちが飛んできたのです。何回叩かれても、産んでくれたお母さんではない人を「お母さん」とはどうしても呼べなかった。だから毎日、毎日、「おばちゃん」と呼んでは、平手打ちを食らうというありさまでした。

その日も、「おばちゃん」と呼んで、また殴られました。が、その日はグーの拳骨（げんこつ）が飛んできて、左の耳を直撃したのです。一瞬頭がクラッとし、それから、耳が猛烈に痛みだして、その場に倒れ込みました。

さすがの義母も青くなって、医者へ連れていきました。鼓膜がひどく傷ついていたそうです。

損傷した鼓膜は二度ともとに戻ることはなく、それ以来、ぼくの左耳はよく聞こえません。

虚弱児だったぼくは、弱視でもあり、小学校2年生で早くもメガネをかけていました。そこに今度は左耳の難聴まで背負うことになったのです。

聞こえづらいのは片方だけとはいえ、なかなか不便なものです。左のほうから話しかけられると、よく聞こえないわけで、「おい、無視するな」などと、相手にムッとされることもちょくちょくありました。

芸能界に入ってからは、共演者の位置によっては、その声が聞こえにくい。聞きもらしでもしたら、芝居になりません。聞こえるほうの右の耳に全神経を集中させて演技したものです。ひとつの耳でふたつ分を賄う（まかなう）のは、ラクやおまへんな。

ところで、今であれば義母のこのような行為は、間違いなく親の「虐待」にあたります。ただ、義母をかばうわけではありませんが、あの時分親が子どもを叩くことは、むしろ躾（しつけ）の一環として必要なこととして捉えられてもいたようです。

ぼくには義母に対して、憎しみや恨みといった感情はふしぎとありません。傍目には鬼ババアみたいな義母ですが、実は、ぼくを心から熱烈に愛してくれていました。子どもながらに、ぼくは義母に叩かれながらも、深く愛されていることに気づいていたのかもしれません。

19歳で肺結核に――「片肺人生」はここから始まった

切除手術は、突然に

虚弱児だったぼくも少しずつ健康体になって、尋常小学校を卒業したあと神戸市立第一機械工業学校（現・神戸市立科学技術高等学校）に入学します。2年生の年が終戦です。

あの頃のぼくは、漠然と芸能界にあこがれていました。芸能界に入るには、まず芸能人と知り合うのが近道だ。そう思ったぼくは高校卒業後、「新世紀」というキャバレーにボーイとして就職します。「新世紀」では美空ひばりや雪村いづみなど人気絶頂の歌手の歌謡ショーも毎晩のように開かれました。

おしゃべりなぼくはボーイをしながら、やがて歌謡ショーの司会も掛け持ちするようになりました。その上、仕事の合間に喧嘩して、玉突きして、おねえちゃんともたまには遊んで、という忙しい毎日。無理がたたり、元・虚弱児は倒れてしまいました。

友だちと玉突きをしていて、ゴホンと咳をした拍子に小さな血の塊が出て、そのあと大量の喀血（かっけつ）をしたのです。義母に付き添われて病院へ行くと、肺結核と診断されました。昭和25年、19歳のときのことです。

肺結核という診断を下した医者は軍医上がりで、鬼瓦のような顔をしていました。義母は診察室で「先生、どうか助けてください」と医者の脚にしがみつき、医者はその義母を脚で蹴とばします。義母はかまわずまたしがみつく……。まるで『金色夜叉（こんじきやしゃ）』の寛一とお宮です。

医者は義母を蹴とばしながら、大声でわめきちらします。

「戦場では片っぽの耳やら腕やら脚やらが吹き飛んでしもうたヤツが大勢おった。そいつらみんな、お母ちゃーん！　言うて死んでいきよったんや。なにが肺病や、薬もなにもないのに助けられるか、ふざけんな！」

そして、「はい、次！」と、待合室にいる次の患者を呼ぶのです。でも、ここで引き下がらないのが、義母の義母たるゆえん。医者の自宅をつきとめると、お金を包んで夜中に訪ねて、手術をしてくれる病院を紹介させたのだからたいしたものです。

今も忘れぬ「恐怖の手術体験」

義母のおかげで肺結核専門の病院に入院したぼくは、病巣のある右の肺の切除手術を受けました。戦争に負けて5年ほどしかたっていない当時は、大手術といっても局部麻酔です。おかげで手術中のやりとりも丸聞こえ。

医者のうしろには、手術着を着た若い医学生が8人ほど控えていました。ふだんは学生服を着て病院のなかを走り回っているようなぺーぺーで、正式の医者やおまへん。脇などに3カ所穴を開けると、本格的な切除手術が始まりました。

医者が「おい、田中、いけ」と命令し、医学生の田中は「いきまーす」なんて答えます。「木下、そこを切ったらあかんて言うとるやろ」「アホか、そこをさわるな、なんでさわりたいんや」「そんなとこ切ったらえらいことになる。やめろて言うてるやろ」などという声が飛び交うのです。

そして、廊下からはナンマイダブ、ナンマイダブのお経の声が。

「あのクソババア、だれか止めんかい！」と医者が怒鳴ります。

クソババアとは、もちろんわが義母です。

電気メスからは煙が出て、皮膚の焦げる匂いがします。鼻をつくような強烈な匂いと、医者のどなり声に6時間も耐えつづけました。ふつうなら2時間ほどで終わる手術だったそうで、医学生たちの練習台にされたために、3倍もの時間がかかってしまったのでしょう。

それでも、とにもかくにも手術は成功しました。

手術後は療養生活に移りました。療養中の患者たちが集まってかならず言う冗談があります。次に死ぬのはあんたやで、いや、あんたやな。そして、言ったほうも、言われたほうも、平気で笑っているのです。

実際、仲間の何人かは死んでいきました。

生きるか死ぬかの極限状態に置かれてもなお、いや、極限状態に置かれているからこそ、人は死をも冗談のネタにして、みずからの不運と不幸を笑い飛ばそうとするのかもしれません。

「40歳で死ぬ」が、ぼくに火をつけた

手術から3カ月後に退院、晴れて自由の身になりました。ところが、退院のときに、先生が「おまえ、40歳で死ぬる」と言うのです。

「肺がふたつあって、はじめて60歳まで生きられるんや（当時は60歳までにほとんどの人が死んでいました）。ひとつしかなければマイナス20歳。60から20引いて40。おまえは40歳までしか生きられへんのや」

そんなわかったようなわからないような計算で、ぼくの寿命は40歳と言われたわけです。

だから、結婚もするな、子どももつくるな、とも言います。

「30歳まえで結婚したとする。おまえが40歳のときには、子どもはまだ10歳。10歳やそこらで父親がいなくなったら、子どもがかわいそやん」

そして、先生は「おまえはしゃべりが達者で字もきれいやから、丹波のこの役場に就職せい」と紹介状まで用意してくれていたのです。

けれど、40歳までしか生きられない、結婚もできない、自分の子どもも残せないのです。ぼくの人生は残り20年。20年しかないのです。それなら好きな役者、それも喜劇役者になって大暴れしてやろうやないか、と逆にふっきれました。

せっかく紹介していただいた就職口でしたが、先生に丁重にお断りして、ぼくは療養期間を終えると、1年半ぶりに「新世紀」に戻っていったのです。

ギリギリのところで仕事を続けていた『頓馬天狗(とんまてんぐ)』時代

片肺の崑ちゃん、テレビ進出を果たす

片方の肺を失ったぼくが失意のどん底にいたかというと、違います。40歳まで生きられないことを逆手に取って大いに開き直り、喜劇役者になる気満々で、まずはプロの司会者になろうと行動に移ったのです。

「新世紀」で雪村いづみさんのショーの司会をした縁で、いづみさんのマネージャーと親しくなり、その人に頼みこんで、当時ラジオで大人気だった司会者、大久保怜先生を紹介してもらって一番弟子になりました。こうしてぼくは、芸能人への第一歩を踏み出したのです。

ちなみに、大村崑という芸名は、先生が名づけ親です。大久保の「大」と、ぼくの本名、岡村の「村」を合わせて「大村」。よくしゃべるから、めでたい名前がいいと、昆布の「昆」にしたところ、ある台本に誤植があり、「崑」になっていた。中国の伝説上の山、「崑崙山（こんろんざん）」の「崑」です。先生はこちらのほうがいいと、「大村崑」と変更してしまったのです。

大久保先生に弟子入りして3年ほどで、大阪の「北野劇場」という大劇場の専属コメディアンになります。おもろい子がいるというので、いわばヘッドハンティングされたんですな。

先生はコメディアンになりたいぼくの気持ちを知って、温かく送り出してくれたのです。

「北野劇場」で出会ったのが、佐々十郎、茶川一郎、そして、花登筺（はなとこばこ）です。花登先生の書いたコントなどを佐々やん、茶川さん、そして、ぼくが演じます。

佐々やんとのコントでも、茶川さんが加わったドタバタ喜劇でも、爆笑に次ぐ爆笑で、連日、大きな劇場が笑いの渦に巻き込まれたものです。ぼくたちはたちまち人気者になり、街を歩いていても、あちこちから声をかけられるようになりました。

この人気を支えていたのが、花登筐先生。コントやドタバタ喜劇を猛烈なスピードで書き上げる、ある種の天才です。

ぼくらの人気はじきに大阪のテレビ局の人間が知るところとなって、ぼくらはテレビ進出を果たします。それが、昭和33年4月大阪テレビ放送でスタートした『やりくりアパート』。茶川さん、佐々やん、ぼくの北野劇場組に芦屋雁之助、芦屋小雁、子役だった中山千夏が加わった、花登先生の出世作です。日曜日の夕方6時30分から30分間の放送が始まるや大人気となり、最高視聴率は実に50%におよびました。番組のスポンサーはダイハツです。番組の始まりに佐々やんとぼくが登場して、掛け合いでミゼットのコマーシャルをやります。当時はコマーシャルも生です。

便利な車、ミゼット、スマートな車、ミゼット、一番小さい車、ミゼット、一番小回りのきく車、ミゼット、一番安全な車、ミゼット、一番お安い車、ミゼット。そして、最後は、ミゼット、ミゼット、ミゼットを連呼します……。

このコマーシャルはウケにウケて、子どもたちが、小さな車、ミゼット、なんてまねをしていたものです。

『やりくりアパート』の始まった1年後には、毎日放送の『番頭はんと丁稚どん』もスタートします。

ぼくは頭にハゲのある、少々頭の弱い丁稚どんの役で、脚本はもちろん花登筐先生。この番組も、映画や漫画になるほどの大人気でした。

『頓馬天狗』で主役に。「ブレーク」してしまいました

ぼくの人気を決定づけたのが、『頓馬天狗』でした。

昭和34年秋、『頓馬天狗』の主役に決まったのです。脚本は花登筐、制作はよみうりテレビで、提供は大塚製薬。『鞍馬天狗（くらまてんぐ）』のパロディで、毎回敵役の「新

選組」ならぬ「珍選組」の連中が現れては、頓馬天狗が見事な剣さばきでやっつけるという痛快時代劇コメディでした。

ぼくは工業学校で剣道をやっていたので、剣さばきは得意です。敵の珍選組のやつらを何人もパパパ、パパパパ、パーンと切って、その刀をぐるっと回して鞘に放り込み、それを合図に敵がいっせいにバタッと倒れます。

カッコいいでしょ。とくに評判になったのが、左側に差した刀を左手でサッと抜く「片手抜刀」。ぼくが考案した動きで、これがウケて、小さな男の子たちがずいぶんとまねをしていました。

『頓馬天狗』も、もちろん生放送。殺陣の最中に刀が外れたり、ディレクターの怒鳴り声がオンエアされたりで、現場は混乱を極めていました。熱気あふれるハチャメチャな世界。懐かしいですな。

頓馬天狗のキメのセリフ、覚えていらっしゃいますか？「姓は尾呂内、名は南公」です。なんてことはない、大塚製薬の「オロナイン軟膏」。番組のなかに自社の商品名を堂々と入れる大胆さ、今では到底、考えられまへん。

それはともかく、ぼくはオロナイン軟膏のコマーシャルにも出ていましたが、ある日突然、そのCMを下ろされたと思ったら、浪花千栄子さんが笑顔で出ていたのです。あとから事情を知って、唸りましたがな――。

大塚製薬の社長と食事をしながら、浪花さんが「社長、オロナイン軟膏のコマーシャルに私を使いなはれ」。社長が「崑ちゃんにやってもらっているから」と渋ると、「私の本名は、姓が南口です。名前はキクノ言います」。

「軟膏効くの」には、頓馬天狗もかないまへんだ。

しんどい、体力の限界……影武者がいたことも!?

『頓馬天狗』で人気が爆発すると、次々に仕事が舞い込んできて、11本ものレギュラー番組を抱えていたこともあります。このとき1日の睡眠時間は2～3時間。

超売れっ子となり、華々しい活躍をしているように、はたからは見えたことでしょう。けれど、ぼくには片方しか肺がありません。笑顔でおどけた役をやりながら、その裏では片肺というハンディを背負って、息切れに悩まされながら、ギリギリのところで仕事を続けていたのです。

なにしろ、歩くのさえしんどいのです。こんなこともありました——。

新幹線の発車まであと5分ほどしかありませんでした。スタッフはタクシーを降りると、階段を駆け上がっていきます。ぼくはハアハア言いながら、やっとの思いでついていき、エレベーターに乗ってホームにたどり着くと、すでに発車のベルが鳴り響いていたのです。

ハアハア、ハアハア……。列車のドアまでようやく着いたら、そのドアが目のまえでシューッと閉じてしまいました。列車のなかの乗客たちがぼくに気づいて、「崑ちゃんや!」とか言いながら指をさして笑います。

なにがおかしいんや、ホンマに。

少し歩いただけで息が上がってしまうような体で、生番組の『頓馬天狗』では激しい立ち回りをこなさなければなりません。カッコよく敵を倒していたけれど、その実、ハアハアと肩で息をしながらでは、セリフを言うのもひと苦労。

ましてや剣をふりまわさなければならない。しんどくて、しんどくて、はっきり言って死にそうでした。

今だから言いますが、実は、「影武者」がいました。ぼくが休憩して呼吸を整えている間に、影武者がぼくのかわりをしてくれていたのです。

影武者は当時、大学生だったチャーリー浜さん。新婚だったぼくのマンションに1週間ほど寝泊りさせて、頓馬天狗の動きやしぐさを全部覚えてもらいました。「あーりませんか」「ごめんくさい」のあの浜さんです。

ぼくは体力がないのに有名になってしまった。逆に言えば、体力がついていかないほど人気があったわけです。そして、テレビ局も人気者を使いたがります。徹夜になろうがおかまいなしでぼくを使い倒します。

疲労のためにぼくはガリガリに痩せて、顔は土気色、唇は血の気がなくて白く見えました。

横山エンタツ師匠が、「おい、死ぬるぞ、こいつ。この顔色見てみい、医者に連れていかなあかん」と言っていましたっけ。

ズボンのポケットにはいつも口紅が入っていました。人がいないところで、こっそり唇やほおに口紅を薄くぬっていたものです。

このときのぼくは、まだ40歳で死ぬと思っていました。残された時間は、長くありません。好きでなった役者稼業、ひとつでもふたつでも多くの仕事をして死にたかった。ぼくは、片肺飛行でもギリギリ行けるところまで行きたかったのです。

予定より長く生きたぼく、「大腸がん」になる

テレビ局に現れた「べっぴんさん」と、まさかの結婚

時は少し戻りますが、昭和34年、28歳のときの話をさせてください。

テレビ局のリハーサル室で佐々十郎とドラマの稽古をしていると、ドアが開き、真っ赤なワンピースを着た、脚のきれいな美人が現れたのです。

ぼくらは稽古もそっちのけで、だれや、だれや、とべっぴんさんのことが気になって仕方がない。あとから知ったのですが、彼女はシャンソン歌手で、名前は瑤子さん。その日、テレビ局のオーディションを受けにきていて、リハ室で待つように言われていたのです。

で、そのべっぴんさんがぼくのところへやってきて、「弟が崑ちゃんの大ファンです。サインをいただけないでしょうか？」。いただけるに決まってるやん、そんなもん。これをきっかけに、ぼくたちはつき合うようになります。

結婚は一生しない、と先生に誓った言葉などすっかり忘れて、ぼくはのぼせあがりました。瑤子さんの容姿にも、そして雰囲気にも魅かれていた。モダンで知的で、シャンとした実にイイ女でしたね。

瑤子さんが家族と住んでいた六甲の家は、日本家屋の並ぶ一角に立つ瀟洒な洋館で、ひときわ目を引きました。お父さんは繊維会社のお偉方。瑤子さんは裕福な家庭の「お嬢さま」だったのですね。

4回目のデートでプロポーズ。場所は六甲山の須磨浦です。ロープウェイが目のまえに見えるテラスのレストランでした。ふたりが注文したのは、カツレツ。ぼくは「カツレツを食べ終わるまでに、イエスかノーかのお返事をください」とお願いしました。

ロープウェイが上っていき、しばらくしてそれが下っていき、そしてまた、上っていきました。瑤子さんのお皿にはまだカツレツが残っていましたが、ぼくはしびれを切らして、「もう時間です。どうです?」。

するると、瑤子さんが下を向き、うなずいたではありませんか。やった! ここで、ぼくは一気にまくしたてました。

「お金の心配は一生させません。ぼくはお酒は飲まないし、博打もしないし、女性にも行儀のいいほうです。あなたを不幸にするようなことは決してしません」

何年もたってから、瑤子さんが言ったことには、「あのとき下を向いたのは、お皿を見たからよ。お肉、残っちゃったけどどうしよう、と」。

「結婚はするな、子どもはつくるな」と言った例の先生には、結婚が決まってから電話をしました。「先生の言いつけを守れなくて、すみません」と謝りたかったのです。ところが、奥さまが出られて、「主人はこの2月に亡くなりました」と。先生に報告する機会は永遠に失われてしまいました。

瑤子さんには、子どもはつくれないことをはっきりと伝え、瑤子さんはそれも承知してくれました。でも、することはちゃんとするわけで……。

ぼくは結婚をした上に、子どもまで、それもふたりもこさえてしまいました。先生の言いつけをふたつとも破ったけれど、先生はあの世で、「よくやった！でかしたぞ」とほめてくれているかもしれません。

58歳で大腸がんに……言わせてください「ガーン！」

瑤子さんと結婚し、何度も季節がすぎ、ぼくは40歳の誕生日を迎えました。結核病院の先生が「死ぬ」と宣告した40歳です。いつ死んでもおかしくありません。今日でなければ、明日かもしれない、明後日かもしれない……。ぼくは死の影に怯えるようになりました。

小学生だったふたりの息子たちの部屋に毎晩、そっと入っていき、おでこを撫でたり、毛布を掛けてやったりしながら、子どもたちの寝顔を長い時間、見つめていたものです。

そして、気がついたら41歳になっていました。40歳の坂を越えられたのです。

さらに、50歳の坂も越えて、60歳の坂がそろそろ見えてきて、この調子なら還暦もひょいと越えられそうだと希望を持ちかけたときに、大腸がんがみつかりました。58歳のときでした。

便に細い糸のような血が混じることがあり、その話を舞台で一緒だった八代(やしろ)亜紀(あき)さんの主治医の石橋先生にしたところ、大腸がんの検査をすすめられたのです。おかげで命拾いしました。

石橋先生の紹介で、順天堂大学病院で検査を受けることになりました。検査の担当は住之江(すみのえ)先生。当時、大腸の検査といえばレントゲンです。造影剤をお尻から入れてレントゲン写真を撮るわけです。

そんなもん入れられてみなはれ、検査中に屁もこかれへん。検査が終わったら、うしろを押さえてトイレに駆け込みました。間一髪で間に合ったからいいようなものの、少しでも遅れてみなはれ、大惨事やで。

帰りの車のなかでも、いつ下痢が始まるかわかりませんでした。なのに、「外国からコメ買うな!」のデモに出くわして、車が動かへん。おまけに、動かへん車に3、4人の男が近づいてきて、窓をコンコン叩いて、「大村崑や、大村崑や」と騒ぎます。これには、腹を押さえたまま、弱々しく笑って応えました。

マンションまでなんとか持たせましたが、あの恐怖は忘れられません。

数日後、検査結果が出たということで、ぼくは石橋先生と順天堂の住之江先生と一緒に浅草のステーキ屋さんにきていました。おいしいステーキを食べながら結果を伝えてくれるというのです。

ステーキを食べはじめて数十分、石橋先生が「そろそろ結果を言われたらどうです?」と促すと、住之江先生はレントゲン写真を鞄から出して、

「見てください。なにかポコッとしているところが4カ所ありますね」

「なんでんねん、それ?」

「がんです」

「がん……がん?」

目のまえのステーキが灰色のコンクリートの塊に変わり、頭がクラクラします。そのときふと、先生たちの目が笑っていることに気づいたのです。生きられるかもしれない。そう思ったとき、住之江先生が、「助かる方法がひとつだ

けあります」。

その方法とは内視鏡を使った最新の手術のことでした。内視鏡手術の権威、新谷弘実(しんやひろみ)先生が執刀してくださるとのことで、その先生はなんでもレーガン大統領の大腸がん手術を担当したドクターのひとりだといいます。

ぼくは新谷先生と、そして、最先端の手術法に賭けることにしました。

30年まえの肺の手術のときは局部麻酔でしたが、今度は全身麻酔です。

いよいよやってきた手術の日、全身麻酔の点滴をされ、手術台に乗ったぼくに先生が「崑さん、おいくつですか?」と、問いかけます。「58歳です。先生は?」……答えを聞くまえにぼくは、意識を失っていました。

ぱちん、ぱちん。……ぼくのほおを叩く人がいます。だれやねん? 目を開けると、瑤子さんでした。そばには新谷先生の笑顔もあります。がん細胞をすべて取り除き、幸いごく初期のがんだったこともわかりました。

内視鏡手術は実に画期的で、ぼくはその日のうちに退院して、その足でテレビ局へ行って生放送に出演しました。恐るべし、内視鏡手術ですね。その後、毎年1回検査を受けて10年後に無罪放免になりました。

こうして58歳の危機も先生方のおかげでしのぐことができ、そして、60歳の坂も越えて、70歳の坂も越えて、80歳の坂も越えて、とうとう90歳の坂も元気いっぱいで越えることができました。

めでたく90歳の誕生日を迎えた日に、瑤子さんが言ったひとこと。

「80歳で死んでてくれたら、保険金2億円が入っていたのになあ」

えらいすんまへん。

渥美清さん、森繁久彌さん、瑤子さん人に恵まれてここまできた

芸能界の大物はやっぱりおもしろい

片肺でもときには徹夜仕事もいとわず、たくさんの仕事を休みなくこなしてきたぼく。しんどかったけれど、そのおかげで、芸能界の綺羅星のごとき大スター、大物ともお近づきになれました。素敵な人たちに恵まれてきたから、なんとかここまで芸能界を生き抜いてこられたのだと思っています。

それにしても、大物のみなさんは、それぞれおもろおますな。みなさん、笑うことも、笑わすことも大好きなのです。

喜劇役者としてぼくは、そのことがうれしくてなりません。片肺で仕事を続

けてきたぼくは、彼らの笑いに励まされ、勇気づけられてきたのです。笑いは、人を元気にする妙薬ですな。

というわけで、ここではぼくが知り合ったおもろい大物スターの方々についてお話ししましょう。トップバッターは、若かりし頃の渥美清さんです。

東京の兄貴・渥美清さんのやさしさ

3歳年上の渥美清さんとは、寅さんが始まるよりもずっとまえから大の仲良しで、東京の兄貴のような存在でした。

渥美さんというと思い出すのが、谷幹一さんの部屋でいつも寝そべったまま器用に紅茶を飲んで、ロールケーキをパクついている姿です。そして、「崑ちゃん、無理しちゃダメだよ、お互いに肺が片方しかないんだからな」と言うのです。

渥美さんも肺結核になって、肺を片方切除していました。そして、ぼくにも「遠慮しないで、横になってラクにしろよ」と気遣ってくれたものです。渥美さんはあの笑顔そのままの人懐こくて、温かくて、やさしい人でしたね。

渥美さんとはじめて会ったのは、昭和34年、東京の日劇の舞台でした。渥美さんは当時、谷幹一さんと関敬六さんと「スリーポケッツ」というトリオを組んでいました。舞台が終わると、3人は関西から来たぼくを夜の皇居に連れていったり、浅草のケトバシ（馬肉のことです）の店に誘ったりしてくれたものです。

谷やんの家にいたときのことです。渥美さんと谷やんは、ぼくがソープランドに行ったことがないと知ってびっくり。「ダメだ、それは、まずいよ」「トルコ風呂（当時はソープランドのことを「トルコ風呂」と呼んでいました）も知らねえで、役者は務まんねえよ」などと好き勝手にほざきます。

あげくのはてに、関やんを呼び出して車を運転させ、みんなで川崎のソープランドへくりだすことになってしまいました。顔が知れているから、店の裏に車を止めて、クラクションをプッと鳴らすと、店の人が裏口を開けてくれることになっています。

店の裏に着くと、関やんが手はずどおりにクラクションを押します。しかし、ブワーッと大音響が起きたと思ったら、鳴りやまない。渥美さん、関やん、谷やんはクラクションが鳴り響くなか、車から飛び出すと、脱兎のごとく駆けだしました。

人だかりができたときには、ぼくひとりが後部座席に取り残されていた。集まったなかのひとりがボンネットを開けて、クラクションの線を切ってくれたのはいいけれど、ほかの人たちがぼくに気づいて、「あれ、崑ちゃんだ。なにしてるのよ?」「医者に行きたいんやけど、道に迷うてしもうて……」「医者?なんの医者?」「眼医者」「またあ、遊びに来たんだろ」。まわりがどっと笑います。

ぼくは車を降りると、人だかりのなかを肩や背中を叩かれながら、駅への道を聞き、そして、教えられた駅まで行ってタクシーに乗り、谷やんの家へ戻りました。

3人はぼくの顔を見るなり、腹を抱えて笑いころげます。あんまり笑うものだから、ぼくもしまいには一緒になって笑っていました。

渥美さんも、関やんも、そして、谷やんも逝ってしまい、ぼくひとり取り残されました。寂しいもんですなあ。長生きを楽しんでいるぼくも、友人たちが次々にこの世から去っていく寂しさには慣れることができません……。

山田五十鈴(いすず)先生に教わった「笑い」

芸能界の大物といわれる人はたいてい、笑ったり、笑わされたりすることが大好きだと書きました。

舞台などでもご一緒した杉村春子先生は、おおらかな笑い上戸でした。ぼくが笑いのジャブを出してくすっと笑わせてから、次にこまかいアッパーカットをくりだすと、しまいには先生、笑いころげながら「やめて、おしっこちびるから、もうやめて！」と言うのです。

ぼくがびっくりして、「おしっこ、ちびりまんの？」と聞くと、「ちびるわよ、男の人と違って女は尿管が短いもの」なんて言ってましたっけ。

山田五十鈴先生とは有吉佐和子原作の『香華(こうげ)』の舞台でご一緒したことがあ

ります。『香華』はファンが選んだ「五十鈴十種」に数えられる名舞台のひとつです。

ある夜、舞台が終わってから、山田先生の大スポンサーの女性に誘われて、先生と3人で京都の街にくりだしたことがありました。お茶屋遊びをしたり、さんざん騒いで最後は先生のホテルの部屋に3人してなだれこんだのです。

先生は部屋のベッドの上で、昔、追いかけまわした歌舞伎俳優の名前を次々に出してきては、エッチな話をいっぱいするのです。スポンサーの女性もぼくも腹がねじれるほど笑わせてもらいました。

楽しい、楽しい先生を見せてもらった翌日、楽屋へ行くと、先生は鏡のまえで、真剣な顔をして目張りを入れていました。「おはようございます」と挨拶しても、うんでもない、すんでもない、こちらを見もしないで、相変わらず鏡をにらみながら、目張りを入れているのです。

仕方ないから、「失礼します」と声をかけて楽屋を出ましたが、そのときもこちらには見向きもしません。なんやろう、怒ってるんやろうか……。

相手は大女優です。大女優さんを怒らせたんやろか。ゆうべはあんなに楽しくしゃべりはったのに、どうしたんやろ……。

ひどく不安になり、気が気ではありません。

舞台の袖で出番を待っているときも、先生はブスッとしてぼくを無視しつづけます。どうしよう、こんなんで舞台の上で、花魁（おいらん）役の先生に「好きでおます」などと言えるんやろか。

いよいよ出番になります。とそのとき、先生が突然くるりと向き直って、ぼくを正面から見据えたのです。そして、満面の笑みで「昨日、おもしろかった？」。ぼくは「え？」と聞き返すのが精いっぱい。先生はそのまますーっと舞台へ出ていきました。

さんざん不安がらせておいて、ぼくの不安が頂点に達したところで、手のひら返しの笑顔でストンと落とす……。笑いにはいろいろなかたちがあるものですな。山田五十鈴という大女優はそんな芸当もできる、笑いが好きな、茶目っ気たっぷりの女性でもありました。

喜劇役者の神髄(しんずい)を見せてくれた森繁久彌さん

そして、森繁久彌先生。あんなすごい喜劇役者はもう二度と現れません。

あれは、山田五十鈴先生が女優ではじめて文化勲章を受章したのを祝い、帝国ホテルで開かれたパーティでの席でした。

「芸能界の大物の登場です」との司会者の紹介に拍手がわきおこり、そのなかを87歳の森繁久彌さんは両脇に北大路欣也(きたおおじきんや)とぼくをつき従えて、杖をつきながら堂々と入場してきます。

杖は、ホントは必要ない。ちゃんと歩けるのに、弱々しい年寄りのふりをするのが好きなんです。

ぼくら3人は、その日の主役、山田五十鈴さんの真向かいのテーブルに座りました。しばらくすると、森繁さんがぼくのほうへ手を差し出して、「崑ちゃん、かいて。ここかいて」。

「えっ、自分でかきなはれ」と言っても、「痒いから、かいて」と粘ります。

まわりがクスクス笑います。「かきまんがな。ここですか?」とかいても、「もっと下や、もっと下」。まわりがドッと笑います。その場の主役は、山田先生から森繁先生に移ってしまっています。

山田先生が勲章をもらって注目されていることが、森繁さんにはおもしろくない。五十鈴さんにやきもちを焼いているのです。だから、自分に注目を引き寄せようと、「崑ちゃん、かいて」とやって、まんまと成功した。ホンマ、食えへんオッサンです。

あの人を食ったような、独特のおかしみは森繁さんにしか出せません。ほかのだれにもまねできまへん。

あんなすごい喜劇役者はもう二度と現れないと書いたのは、そういう意味でした。

相方・瑤子さんの好奇心には、驚かされっぱなし

ぼくの相方、瑤子さんは好奇心の塊のような人です。

好奇心の塊からは大量のパワーが発生するものです。瑤子さんの好奇心というパワーにぼくはふりまわされっぱなし。しかし、その瑤子さんのパワーが、満身創痍のぼくの人生を温かい笑いと明るさで彩ってくれたのやと思います。

瑤子さんは、ぼくがどんなふうに仕事をしているのか知りたいからと、新婚の頃はよくぼくについて回っていました。

夜中に撮影があったときのことです。群衆を高いところから撮影するためのクレーンが用意されていました。そのクレーンをふと見上げて、ぼくは腰を抜かすほど仰天しました。はるか頭上には、監督とカメラマン、そして、8ミリカメラを手にした瑤子さんがいるではありませんか。

あそこに乗れるのは監督とカメラマンだけ、と昔から決まっています。それ以外の人間が乗っているのを、見たためしがない。ショックでした。なんて人や。でも、本人は悪びれた様子もなく、「監督さんが上りたかったら一緒にええよと言ってくれたから」とケロッとしています。

いくらいいよと言われても、そんな高いとこ、ふつう怖いやん。瑤子さんの度胸のよさにあきれるやら、たまげるやら、感心するやらで、あの夜のぼくはえらい忙しいことでした。

まだ新婚の頃久々に休みが取れたので、ふたりで京都の渡月橋へ行って、ボートに乗ったことがあります。そのとき、ぼくの漕いだボートが浅瀬に嵌(はま)ってしまったのです。

運よく外国人夫婦のボートが通りかかって、自分たちのオールを使って浅瀬から出してくれました。

「サンキュー、サンキュー・ベリマッチ!」

ぼくはそんな英語しかしゃべれません。ところが、瑤子さんが楽しそうにベラベラしゃべりだしたのです。

「あんた、英語しゃべれるの?」びっくりして聞くと、「私、日本の学校には行ってないの。インターやったから」と瑤子さん。

終戦の年に7歳だった瑤子さんは、父親の教育方針だったのでしょう、インターナショナルスクールに通っていたそうです。それ、知らんもん、聞いてないもん、どんだけ驚いたことか。さっき言ったサンキュー・サンキュー・ベリマッチが、めちゃくちゃ恥ずかしいやないかい。

しかも、フランス語もペラペラでした。15年ほど前から、カンツオーネの勉強を始めた瑤子さん。年1回、1カ月以上ナポリですごすようになって、イタリア語までペラペラになりました。

しかもなんや知らんけど、ナポリの歌のコンクールで金賞を取って、新聞に載ったんやからなにをか言わんや、です。記事を読みながら、半端やないなあ、ぼくの嫁はんと、心から思いました。ぼくは結婚してから、また瑤子さんに惚れ直したのです。

脳生理学者である京都大学の大島清先生が若々しい脳を保つのに必要なのは、「かきくけこ」だと書いています。「か」は感動、「き」は興味、「く」は工夫、「け」は健康、そして「こ」は恋です。

瑤子さんと結婚して60年以上、90歳になった今もぼくは瑤子さんに恋をしています。そいでもって、若いべっぴんさんを見てもやっぱりワクワクします。

大島先生の「こ」の字を思いっきり実践してますがな、瑤子さんには内緒やけど。

弱視で、難聴で、片肺で、大腸がんにまでかかってしもうて、まさに満身創痍だったぼく。なのに、40歳で死んでいるはずが、50年もオーバーしてまだ生きています。

笑いの好きな芸能界の素敵な先輩たち、そして、好奇心の塊でパワフルこの上ない瑤子さん……。ぼくは、楽しくて、朗らかで、明るい人たちに囲まれ、笑ったり、笑わせたりしてきました。そのおかげで、体調が悪くて気が滅入りそうなときにも、じきに陽気な崑ちゃんに戻れたのです。

50年といえば、半世紀です。半世紀も寿命を延ばすことができたのも、そういったみなさんと楽しい時間をともにできたことが大きいんちゃうかな。90歳まで生き延びた今、ぼくはそんな気がしています。

第5章

102歳まで生きる！ぼくがこれからしたいこと

大好きな母と別れて気づいた「笑うこと」の大切さ

突然の訪問

一家が離散して、キツい義母の家にもらわれていったぼくには、これまでめったに語ったことのない悲しい思い出がもうひとつあります。

そのときのことは90歳になった今なお、ぼくの生き方や心のあり方、さらには喜劇役者としてのお笑い、つまりは、ぼくの人生とさまざまなかたちでつながっているのだと思います。

その思い出とは、実母との再会と、その直後に訪れた永遠の別れです――。

新しい家にもらわれてきて数カ月たった頃だと思います。2階の部屋にいたら、階下で女の人の金切り声がしました。この声、お母ちゃんや！　ぼくは部屋を飛び出し、そして、そこで足がすくんで動けなくなりました。

2階へ上がろうとする母を、義母がうしろから必死で引きずりおろそうとしていました。ふたりの「母」が、もみ合っていたのです。

「睦治（ぼくの本名です）に会わせて！」「あかん！　あんたはもう再婚したんやから」「お願いだから……」「あかんわ、睦治は正式に私の子どもになったんや。二度と来るな！」……。

最後に、母も「二度と来ません」と言って帰っていきました。

もうお母ちゃんとは二度と会われへんのや……。幼いぼくは必死で耐えようとしていたのだと思います。

ところが、それから数日後、学校を出たときのことでした。校庭のすみに母が立っていたのです。ぼくは母をめがけて駆け出しました。

あの白い粉にまみれた家で別れてからずっと会いたかった母。二度と会われへんのや、とあきらめながらも、会える日を夢に描いていた母……。

ぼくは母に抱きつき、嗚咽を上げて泣きじゃくりました。その泣き声に母の泣き声が重なります。しばらくして、母が言いました。「もう帰らないかんのよ」。母は飴玉やらキャンディやらをぼくのポケットに入れてから、「お母ちゃんの住所を書いといた。持っといてね」と言うと、ぼくのセーターの袖口を何回か折り曲げて、その間に1枚の小さな紙をすべりこませたのです。

その夜、ポケットのなかの飴玉やキャンディが義母にみつかってしまいます。「だれにもろうたんや?」としつこく問い詰められて、「お母ちゃん」と白状すると、顔が腫れ上がるまで叩かれました。

二度と母に会えなくなった日のこと

それからまた数カ月後、義母と2人で夕飯にうどんすきを食べていたときのことです。なんや義母からガンガーンと言われて、ぼくはついにキレた。うどんすきの鍋をバーンとひっくり返して家を飛び出しました。ズボンのポケットには母から渡された紙が入っていました。

ぼくは丹波の佐治という村にある母の家に向かったのです。まだ小学生の子どもですから順調にたどり着けるわけもありません。道に迷い、途中、知らないおっさんのうちに泊めてもらって、汽車賃まで出してもらったりしながら、なんとか汽車に乗ったことを覚えています。

2時間ほど汽車に揺られて、福知山線の石生(いそう)という駅に着くと、そこからはバスで佐治へ向かいました。

佐治で降りると、丹波の山沿いの村では雪がちらついていました。茅葺(かやぶき)の家でした。玄関で耳を澄ますと、母の声がします。そーっと玄関の戸を開けたら、茶の間にいた母がぼくの姿を見て、目を大きく見開き、それから駆け寄ってきて、抱きしめてくれました。

「よう来たな、よう来たな……」

懐かしい母の匂いがしました。そうや、このままお母ちゃんとここに住めばいいんや。なんで、気づかへんかったんやろう……。ぼくはすっかりその気になっていました。

家に上がると、小さな女の子がよちよち歩いています。下の妹の美津子でした。別れたときは乳飲み子だったのに、今はもう歩いています。

そして、男の人がいました。あとから知ったのですが、その人は新開地の家の近所にもよく来ていた行商人で、未亡人になったばかりの母にひとめぼれして結婚し、美津子と一緒に母を丹波の佐治まで連れ帰ったのだそうです。

そのおっさんが丸めた新聞紙で美津子の頭をわけもなく叩いていました。「あれ、取ってこい」などと言いながら、美津子を叩いてバーンと叩くのです。「なにすんねん！」とどついてやりたくても、このおっさんを怒らせたら、お母ちゃんが追い出されるんやないかと思うと、なにもできません。

たしか2日目の朝だったと思います、白いごはんの下に佃煮が隠されていました。思わず母を見ると、「黙って食べなさい」と小声で言うのです。

1膳目を食べおわって、おかわりしようと茶碗を出したら、おっさんがその茶碗にさっとお茶を入れました。おかわりはさせへん、という意味です。

あくる日の夜、母に裏庭へ連れていかれました。

「面倒見てあげたいけど、あの人に気を遣いながらおらなあかんしね……。もう帰って」

雪が降っていました。冷えた足の指先がじんじんと痛みました。母は静かに涙を流していました。

翌朝、バスに乗り込み、後部座席に座りました。バスが動きだします。窓の外では母が地面に座り込んで、泣いています。美津子だけが顔を上げていました。このとき、もう二度とここへは来られないこと、そして、永遠の別れであることを悟りました。

キツい義母のいるあの家が、ぼくの唯一の居場所でした。ほかに行く場所はなかった。義母に頭を下げるつもりで神戸へ帰っていきました。

鬼の目にも涙とはこのことです。義母はぼくの顔を見るなり泣きだしました。殴るどころか、お説教さえしない。「よう帰ってきてくれた」と言って涙を拭くのです。

義母はそれから10日ほどは手のひらを返したようにやさしくしてくれましたが、そのあとは「お母さんと呼べ、バチーン」に戻ってしまいました。

ぼくを救ってくれたのは「笑い」だった

肩車をして、風呂でぼくの体を洗いながら「おまえが一番好きや」と言ってくれた父が亡くなり、今度は、はるばる会いにいった実母に結局は拒まれてしまいました。それでも、ぼくには死ぬ元気はありません。死ぬ元気がないので、生きていくための元気を探しました。

幸い、新しい学校では「チフスの子!」と石をぶつけてくる子はいません。それに2年生で落語をしていたくらいで、しゃべりがおもろいから転校先でもすぐに友だちはできました。クラスの人気者にもなれて、毎日、元気に学校へ通っていたのです。

いろいろな場面で、ぼくを救ってくれたのが、「笑い」です。それは、生きていくための元気の源となりました——。

転校生にいちゃもんをつけて殴ろうとするやつは、どこでもいます。そういうときには、とっさにアホな冗談をかますか、おもろいしぐさをやってみせるのです。すると、相手はプッと吹きだし、吹きだしたその瞬間に、殴る気も失せてしまいます。

こうして相手を笑わしているうちに、敵だったやつらまでぼくに寄ってきたものでした。

笑いはぼくにとって敵の戦意を喪失させて、味方の数を増やすための強力な武器となり、そして同時にそれは、幸せの入口となりました。

おもろいことを言うと、相手は笑ってくれます。その笑顔や笑い声がぼくを幸せな気分にします。そして、一緒になって声をあげて笑うと、父の死も、母との別れも、義母のビンタも、悲しいことも、悔しいこともなにもかもが吹き飛んで、心がパッと明るくなって、気持ちが弾むのです。

幼いぼくは、つらい想いを胸の奥底にしまいこんで、明るさをよそおい、そして笑いに助けられ、救われながら生きてきました。だから、笑いの持つパワーと魅力をだれよりもよく知っているつもりです。

だからこそ、ぼくは足腰が立つ限り、声が出る限り、頭が働く限り、喜劇役者としてずっと仕事を続けたいと思っているのです。

102歳まで生きて、100歳まで仕事も筋トレも続けます

今は102歳まで生きられる気がしてます

87歳の誕生日会だったと思います。月亭八方(つきていはっぽう)が「師匠、いったいいつまで生きはるつもりです？」と笑わせました。ぼくは咄嗟(とっさ)に「102歳やな」。

100歳では区切りがよすぎる、102歳のほうがなんやリアルやな、と口から出まかせを言ったのですが、そのときから、自分でもすっかり102歳まで生きられる気になってしまったのだから、いい気なもんです。

でも、実際、102歳まではラクにいけそうです。

なにしろ70年近く背負ってきた片肺というハンディを克服して、今や片肺な

れど「両肺の崑ちゃん」です。酸素をたっぷり体に入れられます。

しかも、40キロのバーベルを背負ってスクワットもできる。その上、バーベル45キロ、50キロまでいけそうな勢いです。血液検査の数値もすべて正常。

この調子では、飛行機事故にでも巻き込まれない限り、どう考えても簡単にはくたばらないでしょう。

１００歳を軽く突破して１０２歳——。体のなかで時間が逆流しているぼくにとって、１０２歳は実に現実味のある数字なのです。


ぼくが昔、医者から言われた「40歳で死ぬ」という言葉。

実は、その言葉は、最近までずっと心に刺さったままでした。40歳の坂を越え、50歳、60歳、70歳、そして80歳の坂を越えてもなお、その言葉はぼくのなかで居座りつづけ、ぼくは死の影に怯えつづけてきたのです。

黄昏どきや夜中や、そして昼下がりなど、ふいに死の恐怖にとらえられました。いつ死ぬんやろ、どこで死ぬんやろ、旅先で死んだら寂しいやろな、瑤子さんは嘆くやろか、ぼくの葬式でベールのついた帽子をかぶるんやろうか……。

ぼくは、死を覚悟していながらも、実は死を人一倍恐れて生きてきました。でも、90歳になった今、それが消えているのです。

若い頃よりも「いつ死ぬかわからない」という言葉が、より現実味を帯びて迫ってきてもいいような歳なのにそうはなっていない。なぜなのか。


ぼくが長い年月、死を恐れ、死に怯えつづけてきたのは、体が弱くていつ死ぬかわからないという恐怖心のためでした。それが筋トレを始めて、筋肉がついて体力に自信を持てるようになって、ふーっと消えていったようなのです。

90歳にもなったら、ふつうならそれこそ「いつ死ぬかわからない」はずですが、ぼくの場合は、体のなかで時間が逆流しています。肉体が若返ってきているのです。そのためでしょう、死を差し迫ったものとしてとらえられなくて、怯えの対象にはならないようなのです。

この過剰で的外れな自信を胸に、その日がくるまで死のことは考えすぎず、何気なく生きたい。そして１０２歳で突然、コロリと死ねたら最高！……ですが、さてどうなることやら。

１００歳でやりたいのは「おばあさん」の役

１０２歳まで生きられたら、１００歳までは仕事を続けたい。１００歳になってもぼくの体と心は、お客さんの笑いを欲しているはずです。笑いはぼくにとって、人生をまえへ、まえへと進めてくれるエンジンみたいなもの。これがないと、半分死んだようになるはずや。

今でも気がついたら、まわりの人を笑わそう、笑わそうとしています。ぼくは根っからの喜劇役者なんやなと、こういうときに感じます。

１００歳でぜひやりたいのが、おばあさんの役です。上品でかわいらしいおばあさん、きったならしくて品のないおばあさん、いい歳してやたらキツいおばあさん……。近所にあんなおばあさん、おるおる、と思ってもらえるようなリアルなおばあさんを演じてみたい。

「なぜ、おばあさんなのか」ですか？　笑いがとれそうだからです。とにかく、笑いがとりたい、なにをしても笑いをとりたいのが、喜劇役者の性(さが)です。

100歳の大村崑のおばあさん役、今からその「設計図」をせっせと引いています。

仕事を続けるのに必要なのが、筋肉です。足腰の筋肉がしっかりしていて歩けないことには、なんもできません。もちろん、腹筋や背すじや胸筋など全身の筋肉が鍛えられていないと、ちゃんとした動きも演技もできません。

使わないと、じきに弱ってくるのが筋肉だそうです。とくに年寄りは、1週間も動かなかったら、歩けなくなるほど筋肉が衰えることもあるそうですな。怖い怖い。

となると、100歳まで仕事を続けたいのなら、筋トレもこれから先もずっと続けなければなりませんし、続ける気は満々です。

前日まで筋トレをしていた崑ちゃん、102歳で逝く――。そんな見出しが新聞を飾れば、本望です。

この歳になって、「もったいない生き方」だけはしたくない

人間関係も「断捨離」して、好きなことをして生きる

幸せになりたければ、いやなことはしないに限ります。とくに年寄りは、先が短い。自分の嫌いなことや、いやな気分にさせられることに、残された貴重な時間を費やすのはもったいなさすぎる。

というわけで、ぼくはテレビに嫌いなやつが出てきたり、気分が滅入りそうな映像が流れると、躊躇(ちゅうちょ)なく、すぐにチャンネルを変えます。本でも、あ、これ、おれに合えへん、おもろない、と思ったらすぐに閉じます。

名作の誉れ高い古典であっても、話題のベストセラーであっても関係ありま

せん。この歳になったら、世間や専門家の評価よりも、自分の感覚や好みが大切やと思うのです。

人間関係でも同じです。いやなやつとつき合うことはありません。一緒にいて楽しい人間とだけつき合う。言ってみれば、人間関係の断捨離ですわ。

くりかえしになりますが、ぼくは幼くして父を失い、「チフスの子」と言って石を投げられ、実の母とも別れて、キツい義母のもとでどつかれながら大きくなったわけです。ドツボに嵌ったような日々でしたが、そのおかげで、そこから這い出そうとする過程で、幼いなりに人間に対する観察眼を養うことができたようです。

敵か味方かが、表情や声や話し方などをじっと観察して、耳を傾けることでわかりました。この人のそばにいたら幸せにしてくれるな、とか、逆に、利用されてえらい目にあわされるな、とかわかるようになったのです。

これらは、生きるための知恵でした。学校の授業では決して教えてもらえない、悪知恵も含めた生きるための知恵です。

子どもの頃に身につけた観察眼は、大人になってからも生き馬の目を抜くといわれる芸能界で生き延びるのに、どれほど役に立ったかしれません。90歳の今も、その知恵は生きています。いくら調子がよくて笑顔で寄ってきても、危なそうな人間は匂いでわかります。危なそう、などという物騒な話でなくても、一緒にいたら不愉快な想いをさせられるぞ、話をしてもちっともおもろないぞ、おれとは肌が合わんぞ、という人間は一瞬でわかります。

今も昔も、そういう人間からは逃げることにしています。段階を踏んで逃げる。たとえば食事に誘われたとしたら、「ありがとう、でも今日は打ち合わせがあるんや、すまんな」と断る。次もなんだかんだと理由をつけて断る……。5回断ったら、6回目はまずありません。こうして逃げおおすことで、その人間との関係を切ってきました。

そんなぼくでも、若い頃は浮世の義理もあったかもしれません。いやな相手とも酒の一杯も飲まなければならなかったかもしれないし、お世辞のひとつもこいたかもしれません。

でも、もういい加減、歳をとったら、そんな遠慮や忖度はしなくていいときっぱり割りきっています。これも、年寄りの特権です。

テレビも本もすべて本当に自分が気に入ったものだけを見て、読んで、そして、本当に好きな人とだけつき合うようにすれば、ぼくらの老後は穏やかで、安定した、平和なものになる。これこそ、幸せな老後やと思ってます。

近頃は、新聞の訃報欄も見ないようにしています。だれかの死という現実を見たら、悲しくなる。その沈んでいる時間ももったいないのです。

現実から目をそむけて、見たくないものは見ないのだから、これはたしかに現実逃避かもしれません。でも、ぼくみたいな凡人が死を真正面から見つめたかて、悟りの境地になんぞ到達できるわけでもなし、なんの益（えき）もおまへん。

死について考える時間があったら、毎日を少しでも楽しく生きる――。これが90歳のぼくがたどり着いた結論です。

孫以外の話もできる「ハツラツ・ジイサン」でいたい

ゆうべまでピンピンしていたのに、今朝は死んでいた。そんな「ピンピン・コロリ」の死に方を望まない人はいないでしょう。ぼくももちろん、そのひとりです。元気に死んでいきたいと、心から願っています。

そのためにぼくは、「元気」だけではなく、「元気ハツラツ」をめざしています。元気ハツラツとは、体も心も芯から元気な状態です。

尿酸値などの数値が正常なだけではなく、それにプラス、イキイキと活動できるだけの筋肉がしっかりとついている。これが、体の芯から元気な状態です。

そして、心が芯から元気な状態とは、ものごとに感動できて、いろいろなことに興味や関心を持って、新しいことにも挑戦できる。そんな瑞々（みずみず）しい心を失わないでいる状態だと思います。

元気ハツラツでないと、102歳まで生きてたとしても、おもしろくもなんともない。下手したら、長生きを恨むようにもなるかもしれません。せっかく長生きできたのに、それではあまりにも、もったいないと思います。

ぼくの知人は足腰が弱っていたのでしょう、転んで地面に激突して、顔を強打しました。顔に深い傷が残ったのかもしれません。それからは、外へ出なくなってしまい、脚がますます弱って、今は寝たきりだそうです。

そんな話を聞くと、つらくなります。

そうかと思うと、孫の自慢話しかしない年寄りもいます。そりゃあ孫はかわいいものです。でも、ほかに話題はないんかい、と聞いているほうが情けなくなります。

人生の最後の最後で、寝たきりになったり、孫の話しかできない退屈な年寄りになったりしては、せっかく長く生きてきたのに、あまりにもったいないやありませんか。

だから、ぼくは、寝たきりにならずに最後まで自分の足で歩いて、活動して、そして、孫の話以外にいろいろな話題で楽しく盛り上がれる……。そんな元気ハツラツなジイサンになりたいのです。

年寄りの涙もろさと、ぼくに染みついている「感謝」の話

最近やたら感激して、涙が出ますねん

ぼくが出演した映画『ロボット修理人のＡｉ（愛）』が、今年の夏に完成しました。その舞台挨拶のために、大阪から新幹線に乗って東京まで出かけたときのこと、「次は東京、東京」という車内アナウンスが流れ、ふと窓の外に目をやると、街の灯に彩られた東京の夜景が広がっていました。

１年ぶりに見る東京や。そう思ったとき、目から涙が溢(あふ)れました。

新型コロナウイルス感染症のせいで１年以上も東京へ行く機会がなかったのです。久々に東京の夜景が見られて、しかも、仕事もできる。この二重の喜び

にぼくの涙腺は一気にゆるんでしまったのです。

つい最近、子犬の動画をネットで見ながら涙が止まらなくなり、どうもならんことがありました。

ぼくを泣かせるのは、飼い主が子犬にお手を教える動画。最初、子犬の顔の下に手を出して、「お手」と言う飼い主に対し、子犬はうれしそうに尻尾を振るだけでした。それでもめげない飼い主が10回ほど「お手」をくりかえすと、やっと子犬が飼い主の手の上に小さな前足をトンと乗せたのです。

犬は学校にも行ってへん。それやのに、飼い主の心を読もうと一生懸命に頑張って、そしたら、なにを望まれているかわかったのです。お手をする健気な子犬の姿に泣けてしまいますがな。

歳を取ると、たいていの人が涙もろくなって、テレビや映画を観ていても、なんということもないシーンでもすぐに泣けてくるようです。

なぜ年寄りは涙もろくなるのか……。つらつら考えるにぼくら年寄りは、じきに死にます。どうせ死ぬのなら、死ぬまでに、涙が流れるほどの感動を一回でも多く経験したいと願う。そういう願望が年寄りのなかにあるから、ささいなことにも感動する能力が年々、高まるのではないか、と思ったりもします。

いずれにしても、残り少ない人生で少しでも多くの感動と涙を経験すれば、そのぶん、ぼくらの老後はより心豊かなものになるはずです。

おじいちゃん、またテレビ見て泣いてる、と孫にあきれられても、恥ずかしがることなく堂々と涙を流すのが、正解です。

切って出るのは、血ではなく「感謝」や!?

ある日、義母が包丁を取り出し、自分の手首に当てました。そして、「ここ切ったら、なにが出る?」と小学生のぼくに聞きます。

「怖いなあ、血や、血が出るんや」

「違う! お母さんの手首を切ったかて、血は出ません」

「ええ?」

「お母さんのここを切ったら、感謝が出るねん。感謝、感謝、感謝しか出ません」

このオバハン、わけのわからんこと言いよって、と小さなぼくもさすがにあきれた記憶があります。

「なに言うてるんや」と思っていたはずなのに、義母のこの言葉は、手首に当てがわれた包丁の強烈な印象とともにぼくの頭に突き刺さり、今なお、包丁を見るたびにぼくの頭には「感謝」の2文字が現れてきます。

しかも、義母に洗脳されてしまったのか、自分の人生を振り返るとき、感謝という2文字が頭に刻まれているおかげで、幸せを感じる回数が増えたように思うのですから、どうしようもありまへんな――。

たとえば、古い話をするようですが、戦争中の食糧難のときには、白いごはんにはお目にかかれませんでした。戦地で戦っている兵隊さんたちに送るのだからと、欲しがりません、勝つまでは、の精神を叩き込まれたものです。ぼくら家族もスイトンやサツマイモ、大根めしなどで飢えをしのいでいました。

人間、どん底を知ると、そこからわずか1センチでも上がれれば、幸せを感じる。そんなふうにできているようです。ましてや、どん底から完全に這い出したりしたら、幸せすぎて天にも昇る心地ですわ。

それはともかく、いったん幸せが手に入ると、じきにその幸せが日常になり、そして、日常になるにつれて、幸せを感じられないという不幸に陥ります。

ぼくは、ふっくら炊き上がった白いごはんをまえにして、ときにふと、あの大根めしを思い出します。すると、白いごはんを食べられることが、とてもありがたく思え、なんやしらん幸せな気分になります。

ぼくは今、奥さんにも、子どもたちにも、仕事で知り合った先輩たちや若い人たちにも、スーパーマンをはじめとするジムの人たちにも、そして、かれこれ30年もぼくのマネージャーをしてくれている、えらい有能な足立という女性にも、みんなに感謝しています。

そう、ぼくの手首を切ったかて、血は出ません。感謝が出ます……。いかん、あのオバハンが乗り移ってるやん。

感謝、感謝、とお説教くさくてすんません。でも、もう少し辛抱して読んでください。

なぜ、ぼくは感謝するのか。感謝すると、そのとき一緒に幸せが下りてくるからです。感謝することで、「ああ、自分は恵まれているんだな」と、今やあたりまえになってしまった幸せな生活に改めて気づかせてくれるからです。

感謝は人にいっとき、幸せな気分をくれます。

そして、感謝といえば、両親。ふたりが愛し合って、きばってぼくという人間をつくってくれたのだから感謝、感謝です。でも、それだけでは足りません。自分のお父さん、お母さんにはそれぞれお父さん、お母さんがいて、そのお父さん、お母さんにもまたお父さん、お母さんがいて……。そうやってずっと遡っていくと、ご先祖さんの数は1億人を超すそうです。

1億人ものご先祖さんがいて、そのおかげでぼくは今、この世にいるわけです。両親だけでなく、ご先祖さんへの感謝の気持ちも忘れたくないものですな。

残された12年間、いやなことがあったり、気分が沈んだりしたら、ぼくは包丁を見ることにしましょう。

義母のこと、最期は「お母さん」と呼べました

義母とぼく、再び一緒に暮らす

義母のことをずっとお母さんと呼べなかったとお話ししましたね。結局どうなったのか。崑ちゃん、最期まで「お母さん」とは呼べなかったのか――。気になっている方がいるかもしれないので、少しお話しさせてください。

ぼくは結婚後、再び義母と一緒に暮らしました。瑤子さんと一緒になり、新居を建てることになったときのことです。瑤子さんが「お義父さん、お義母さんと同居したい」と言いだしたのです。

義父はともかく、あの義母と同居などできるはずがありません。ところが、瑤子さんは「大丈夫よ、お義母さん、やさしい人やもん」とほほ笑むのです。あのバアサンの演技にすっかり騙されてしまったのだから、お嬢さん育ちはあきまへん。

結局、二世帯住宅を建て、母屋とは廊下で行き来ができるようにして、同居生活が始まりました。すると、案の定、義母は子どもの育て方が悪いだ、掃除の仕方がどうだ、とイチャモンをつけては瑤子さんをいじめるのです。あるとき、瑤子さんが紅茶でもこぼしたのかと思ったことがあります。瑤子さんのまえのテーブルが濡れていたからです。でも、それは義母にいじめられた瑤子さんが流した涙でした……。ホンマ、つらい思いをさせましたわ。

ところが、この鬼のような姑が、ふたりの孫たちをかわいがって、よくよく面倒を見てくれたのです。とくに初孫になるぼくの長男のことは、目のなかに入れても痛くないほどのかわいがりようで、長男もおばあちゃんにたいそうなついていたのだから、幸せな晩年でした。

お棺に向かって、はじめて「お母さん」と言えました

義母が83歳で逝ったのは、昭和57年のことでした。

近くの老人ホームにちょくちょく遊びに行っていた義母は、その夏、自分で縫った浴衣を着てみんなと踊っている最中にバタッと倒れて、救急車で運ばれたのです。

脳梗塞でした。倒れて90日間、意識不明のまま生きながらえ、そして、息を引きとりました。「ありがとう」とも、「幸せだったよ」とも言えずに逝ってしまいました。

幼いぼくを物差しで叩き、包丁を自分の手首に当てて「ここ切ったら出るのは血やない、感謝や」などとめちゃくちゃなことを言った義母。小学校の運動会ではお手製のメガホンを持ってきて、「睦治ー！　頑張れ、1等やなかったら、うち入れへんぞー」と叫んで、同級生をあきれさせたのも義母でした。

ぼくのことをすごく好いてくれていた。だから、ぼくも義母のことが好きでした。でも、しょっちゅう叩かれたから、好きではなかった。好きだけど、好きではなくて、でも、嫌いではありませんでした。

ぼくの義母に対する想いは複雑ですが、義母は自分では子どもが産めなかったこともあって、ぼくのことも、そして、ぼくの息子たちのことも、ものすごくかわいがってくれました。

義母は結局のところ、情の深い、矛盾に満ちた、愛すべき人間だったのでしょう。

お棺のなかで義母は静かに横たわっていました。ここで言わなければ、もう永遠に言えない……。ぼくはふいにお棺に顔を突っ込むと、義母の冷たいほおに顔をつけ、耳元でそっとささやきました。

お母さん、ありがとう、忘れへんよ、お母さん、と。

葬式でも笑いがとれるよう、今から「演出」を考えてます

瑤子さんに先立たれたら、生きていけまへん

瑤子さんが84歳、ぼくが90歳。ぼくら老夫婦は大阪で、ふたりで暮らしています。食事の支度や掃除などの家事は、齋藤さんという、大工仕事までこなせる優秀な女性に手伝ってもらっています。

長男は丹波に、次男夫婦は東京にそれぞれ住んでいて、これから先もぼくらは子どもたちの世話になる気はさらさらありません。ぼくらにはぼくらの人生があり、息子たちにもまた息子たちの人生があるわけで、自立した人間同士、それぞれがそれぞれの人生を全(まっと)うするのが、筋だと思うのです。

というわけで、ぼくらは齋藤さんに手伝ってもらいながら、できるところまでふたりで頑張っていくつもりでいます。

でも、ふたり一緒に乗った飛行機が墜落するなどといったことがない限り、どちらか一方が先に逝くのが、夫婦の宿命です。

順番からいけば、6歳年上のぼくが先に死ぬのが順当でしょう。で、もし「順調に」ぼくが先に死んだら、香典はすべて瑤子さんに渡してもらうつもりです。瑤子さんにとって、それが「妻業」の「退職金」。

瑤子さんはひとりになっても、老人ホームに入る気はハナからないようです。理由は、「狭すぎる、洋服を入れる場所があらへん」です。瑤子さんは大変な衣装持ち。「寝たきりになったら、洋服なんて着られへん。全部、処分してホームに入ったらええやん」と言っても、聞こえないふりをしています。

しかし、理由は洋服だけではありません。ホームの老人たちと楽しくやっていくのは、瑤子さんには無理でしょう。ひとりでいるのが好き、ひとりで歌を歌ったり、ひとりで写真を撮っていたりするのが好きな女性なのです。

自分だけの世界を持っていて、そのなかで自由気ままに羽根を広げて、活動するのが性に合っているのでしょう。

ぼくが先に逝っても、瑤子さんは今のマンションで最期まで暮らすのが、一番幸せなのだと思います。

最期まで「自分の家」でくつろぎたい

では、反対に瑤子さんに先立たれて、ぼくが残されたら？　瑤子さんと同じで、今のこの家で最期まで頑張りたいと思っています。

住み慣れたわが家は地球上のどこよりもくつろげる場所です。その場所で最期まで自分の流儀、自分の仕方で生きていきたいのです。最晩年になって、居心地満点のわが家を離れて老人ホームで集団生活を始める気にはなれません。

うちは、幸いバリアフリーですから、歩けなくなったら車椅子で家中を移動しまんがな。でも、できれば最期まで自分の足で歩きたい。そのために必要なのが筋肉。これからもやる気満々で、筋トレを続けまっせ。

以上、冷静をよそおって書いてきましたが、本当は、瑤子さんが先に逝くかもしれないと、その可能性を口にするのもおぞましい。考えたくもありません。瑤子さんがぼくより先に死ぬことだけは、なんとしても阻止しなければならない。でも、その手だてがみつからないのが悲しいのです。

瑤子さんは、コロナが始まるまえは毎年1カ月半から2カ月ほど、カンツォーネの勉強でナポリへ行っていました。その間、寂しくてどうもならんのです。瑤子さんの部屋のドアを開けても、なかは真っ暗で、部屋の電気をつけて、「瑤子さーん」と呼んでも返事がありません。瑤子さんの気配が消えた家は、静まりかえって、ぼくの足音がやけに大きく響きます。なんや胸が張りさけそうになります。

もし、瑤子さんが先に逝ったら、この状態が2カ月では終わらない。ぼくが死ぬまで続きます。到底、耐えられません。男いうもんは、あかんたれですな。

「うんこ、出た？」「出ねえよ」を最期の言葉に

人間国宝の5代目柳家小さん（やなぎやこ）の落語が大好きで、小さな頃からたくさん聞いてきました。小さん師匠は剣道の腕前もすごい。プロ級で、麹町高等小学校のときには東京市剣道大会で優勝した経験もあります。晩年は自宅を改造して道場をつくって、稽古に励んでいたのもカッコいいですね。

小さん師匠は孫や弟子から、便通のことを毎日聞かれていたようです。その日も夕食のあと、孫のひとりが「師匠、うんこ、出た？」と聞くと、「出ねえよ」とひとこと言って寝室へ行ったそうです。

翌朝起きてこないので、家族が見にいったら亡くなっていました。眠りながら逝ったのでしょう。87歳のまさに大往生。見事な死にざまです。

最期の言葉にもあこがれます。「出ねえよ」ですよ。ほのぼのとして、どこかおかしみのある、噺家の最期にふさわしいひとことです。

喜劇役者のぼくも小さん師匠のように、最期の最期に、クスっと笑いを誘うようなカッコいい言葉が吐きたいものです。そして、小さん師匠のように、ま

えの晩まで元気にごはんを食べて、そのあと、眠りながらあの世へ逝けたら最高です。

やっぱり、小さん師匠を見習って、ぼくも筋トレだけでなく、剣道ももう一度始めて体を鍛えたほうがいいんやろか……なんて考えたりもします。体を鍛えておけば、ある朝突然、部屋で死んでいた、という理想の最期を迎えられる可能性も高まりそうではないですか。

赤い霊柩車に乗せてもらうつもりです!

ぼくの住まいは大阪のマンションですが、丹波に畑も持っていて、毎年6月になると、その畑にコスモスの種を蒔(ま)きます。10月から11月にかけて畑一面に、色とりどりのコスモスが花を咲かせ、ぼくは水彩画のようなその淡い色が大好きなのです。

コスモスは背が高いわりには茎が細いので、少し強い風が吹くと倒れてしまいます。が、翌朝にはたいてい、またちょこんと立っている。その逞しく、しなやかな姿にも魅せられています。

できることなら、秋に旅立ちたい。うちの畑で咲いているコスモスの花を切ってきて、お棺にたくさん入れてもらいたいからです。菊でもなく、桜でもなく、願わくはコスモスの下にて秋死なん、ですな。

葬式には霊柩車も用意しなければなりません。ぼくが乗るのは、赤い霊柩車と決めています。片平なぎささん主演の『赤い霊柩車』で、長いこと葬儀社の専務役をさせてもろうたぼくが、赤いのんに乗らないで、どないすんねん。

赤い霊柩車などドラマのなかだけだとお思いですか？　いえいえ、実在しています。つい数年まえまで富山市では赤色に染められた霊柩車がふつうに走っていたそうです。

葬式当日には、目のさめるような赤色の霊柩車に乗せられて、賑々しく見送られるのも喜劇役者らしくていいでしょ。

列席者が少なかったら、寂しがり屋のぼくは棺桶のなかで、泣けてしまう。少ないようやったら、エキストラをぎょうさん呼んでくれ、と今からマネージャーの足立に頼んでいます。

葬儀の会場では、当時のなつかしい『頓馬天狗』も映しますよって、楽しみにしていてください。♪とんとんとんとんまの天狗さん〜の主題曲も流れるし、カッコいい「片手抜刀」の場面もありまっせ。

当日は本人からもきちんとご挨拶させてもらいます。その挨拶の映像を元気なうちに撮っておかななりまへんな。

「本日はご多忙にもかかわらず、たくさんのお方に来ていただいて、おおきに、ありがとうさんです。ぼくはひとあし先にあっちの世界へ旅立ちます。あちらに着いてからは毎日、ここにいるみなさんのご健康とお幸せを祈りますよって、どうか長生きしてください。そして、今日、来なかったみなさん……化けて出たるからな！」

最後のセリフで笑いがとれたらお慰み。

とにかく、湿っぽいのは願い下げです。ぼくは喜劇役者。会場のそこここで笑いがもれる、賑やかできらびやかな葬式をして、赤い霊柩車に乗せてもろうて、あの世へ旅立ちたいのです。

12年後、あの世でみなさんと会えるのを楽しみにしてますわ

問題は、「あの世」です。あの世は本当にあるんやろうか……。ある寺の住職さんにたずねたら、「わしも長いこと坊主してるけど、行ったことがないさかいわからんのや」。仏さんを商売にしている人からしてこれです。

あの世から戻ってきた人はいないのだから、あの世が存在するかどうかは永遠のナゾです。えらいお坊さんにかて、わからへんのも当然ですわ。

だれにもわからないのだから、ぼくは「ある」ことにしています。あの世はあると信じている人間には、あの世は存在します。

で、あの世へ行ったら真っ先に会いたいのが、肺の手術をしてくれた先生です。先生に会ったら、お礼を言いたいですな。

「102歳まで生きましたよ。先生に手術してもろうたおかげです。『40歳までしか生きられない』というあの言葉は、『用心して生きなさい』という意味だと、今では解釈しています」と。

あの世では、キツかった義母や寡黙だった義父とも会えるでしょう。遺体安置所で最後に会ったきりのおやじと、そして遠い昔、バス停で泣き崩れていたおふくろとも、きっと再会できます。

れど、それまでまだ12年あります。あの世のみなさん、もう少し待っていてくくださいね。

あれま、崑ちゃん、すっかり102歳まで生きるつもりでいるやん。

【参考文献】『崑ちゃん　ボクの昭和青春譜』大村崑・著（文藝春秋）

ちょっとだけ紹介！

ぼくのある日のトレーニング

準備体操を
しっかりやってから
スタートや！

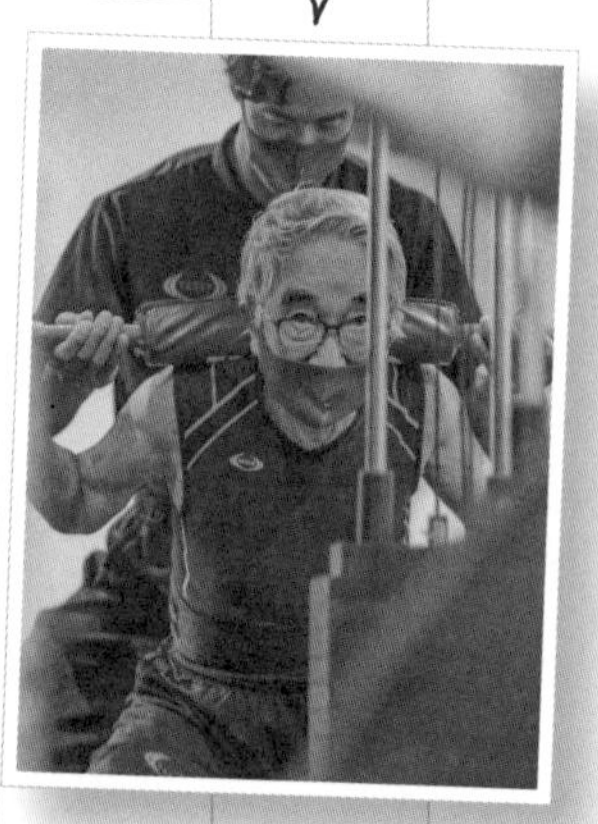

バーベルのあとは
腕立て伏せを……！
きっついなぁ〜

Special thanks!!

RIZAP　江坂店
RIZAPトレーナー　岩越亘祐

（写真右から岩越亘祐さん、ぼく、瑤子さん、
瑤子さんのトレーナーの北本健吾さん）

※この本に掲載している内容は、あくまでも大村崑さん個人の経験と変化をまとめたものです。

著者紹介

大村崑　昭和6年11月1日、兵庫県生まれ。喜劇俳優、コメディアン。神戸市立第一機械工業学校卒業後、キャバレーのボーイ、司会業を経て、コメディアンとしてデビュー。明るいキャラクターで一世を風靡し、「崑ちゃん」の愛称で幅広い層から親しまれる存在に。しかし、其の実、結核による肺切除によって医師から「40歳までしか生きられない」と宣告され、長年体力に自信がない暮らしをしていた。80代で始めた「筋トレ」で心身に劇的な変化が起き、過去最高の体調に。現在はジムでの筋トレに加え、自宅でも運動をおこない、若い頃より健康になった体で、講演活動やドラマ・映画出演などを精力的にこなしている。

崑(こん)ちゃん90歳(さい) 今(いま)が一番(いちばん)、健康(けんこう)です！

2021年11月30日　第1刷
2022年4月10日　第4刷

著　者　大(おお)村(むら)　崑(こん)

発行者　小澤源太郎

責任編集　株式会社プライム涌光
電話　編集部　03(3203)2850

発行所　株式会社青春出版社
東京都新宿区若松町12番1号 〒162-0056
振替番号　00190-7-98602
電話　営業部　03(3207)1916

印刷　三松堂　　製本　大口製本

万一、落丁、乱丁がありました節は、お取りかえします。

ISBN978-4-413-23226-5 C0095

最新の遺伝子検査でわかった
アトピーが消えるたった1つの方法
かゆみ物質〈ヒスタミン〉は腸からコントロールできる
本間良子　本間龍介

美容皮膚科医が教える
大人のヘアケア再入門
吉木伸子

「後伸びする子」に育つ親の習慣
柳沢幸雄

認知症が進まない話し方があった
困った行動が減り、介護がラクになる！
吉田勝明

いつまでも消えない「痛み」の正体
「痛みの悪循環」を抜け出せばラクになる
牛田享宏

青春出版社の四六判シリーズ

アンダルシアの洞窟暮らし
「もたない」「ゆったり」「自由」が満たされる世界
太田尚樹

英語ぎらいもコレならわかる！
英文法の解剖図鑑
すずきひろし［著・イラスト］　中井　翔［監修］

Moon Therapy
自分を最優先にする
肌と心の整え方
CHIKA

これからの集客はYouTubeが9割
一番わかりやすい！「ビジネス動画」の仕組みとノウハウ
大原昌人

5つの物語で知る買い手の心理
圧倒的サイト戦略
お客様が行動する瞬間をつくる
大浦早紀子

お願い　ページわりの関係からここでは一部の既刊本しか掲載してありません。
折り込みの出版案内もご参考にご覧ください。